RHEINISCH WESTFÄLISCHE AKADEMIE DER WISSENSCHAFTEN

Rheinisch-Westfälische Akademie der Wissenschaften

Geisteswissenschaften Vorträge · G 300

Herausgegeben von der
Rheinisch-Westfälischen Akademie der Wissenschaften

BERNHARD GROSSFELD

Unsere Sprache: Die Sicht des Juristen

Westdeutscher Verlag

327. Sitzung am 15. Februar 1989 in Düsseldorf

CIP-Titelaufnahme der Deutschen Bibliothek

Großfeld, Bernhard:

Unsere Sprache: die Sicht des Juristen / Bernhard Großfeld. – Opladen: Westdeutscher Verlag, 1990

(Vorträge / Rheinisch-Westfälische Akademie der Wissenschaften: Geisteswissenschaften; G 300)
ISBN 3-531-07300-1

NE: Rheinisch-Westfälische Akademie der Wissenschaften (Düsseldorf): Vorträge / Geisteswissenschaften

Der Westdeutsche Verlag ist ein Unternehmen der Verlagsgruppe Bertelsmann International.

Herstellung: Westdeutscher Verlag

ISSN 0172-2093

ISBN-13: 978-3-531-07300-2 e-ISBN-13: 978-3-322-86365-2

DOI: 10.1007/ 978-3-322-86365-2

Inhalt

Bernhard Großfeld, Münster
Unsere Sprache: Die Sicht des Juristen

I. Einleitung

Die Sprache war und ist ein großes Thema der Juristen.[1] Jurisprudenz ist auch Sprachschulung: Wie spreche, wie schreibe ich gut, überzeugend?[2] Die Antworten: Vermeide unnötige Wörter; wähle das Verb; bringe Details nur, wenn und wo sie nützen; schreibe im Sprechrhythmus (man soll nicht schreiben, wie man spricht, aber man soll schreiben, als sei es gesprochen). Doch Juristen reichen darüber hinaus: Gerade sie breiteten die neuhochdeutsche Schriftsprache aus[3]. Der Jurist Christian Thomasius hielt 1687 in Leipzig die erste Vorlesung in deutscher Sprache, „ein erschreckliches und solange damals die Universität gestanden hatte, noch nie erhörtes Crimen";[4] er gab seinen Hörern Übungen, um ihren deutschen Aufsatz zu verbessern.[5] Jakob Grimm begründete mit der „Deutschen Grammatik" die Germanistik als Wissenschaft;[6] Freiherr von Künßberg, der Heidelberger Jurist, schuf die Rechtssprachgeographie;[7] Ludwig Reiners schrieb

[1] Dölle, Vom Stil der Rechtssprache, Tübingen 1949; Großfeld, Sprache und Recht, JZ 1984, 1; ders., Sprache, Recht, Demokratie, NJW 1985, 1577. Blasius, Sprache und Rechtspraxis, Verwaltungsrundschau 1986, 147. Vgl. Berendt, Nada Brahma. Die Welt ist Klang, Reinbeck 1988; Im Haus der Sprache (Bearb. Ross/Walter), Freiburg 1983

[2] Posner, Goodbye to the Bluebook, Chicago L. Rev. 53 (1986) 1343, 1349; Wydick, Plain English for Lawyers, California L. Rev. 66 (1978) 727

[3] Lasch, Geschichte der Schriftsprache in Berlin bis zur Mitte des 16. Jahrhunderts, Dortmund 1910, S. 135. Vgl. Hattenhauer, Zur Geschichte der deutschen Rechts- und Gesetzessprache, Göttingen 1987

[4] Erik Wolf, Große Rechtsdenker, 4. Aufl., Tübingen 1963, S. 384

[5] Dölle (oben A. 1) 75 Fn. 58

[6] Dazu Schmidt-Wiegand, Jacob Grimm und das genetische Prinzip in Rechtswissenschaft und Philologie, Marburg 1987; Ogris, Jakob Grimm und die Rechtsgeschichte, in: Jacob und Wilhelm Grimm, Göttingen 1986, S. 67; Frühwald, „Von der Poesie im Recht". Über die Brüder Grimm und die Rechtsauffassung der deutschen Romantik, Jahres- und Tagungsbericht der Görres-Gesellschaft 1986, S. 40; Hübner, Jacob Grimm und das Deutsche Recht, Göttingen 1895

[7] Dazu Großfeld, Macht und Ohnmacht der Rechtsvergleichung, Tübingen 1984, S. 177

die „Stilkunst"; die Nähe von Recht und Rhetorik ist anerkannte Tradition.[8] Der Verfassungsrichter Paul Kirchhof würdigte die Sprache staatsrechtlich.[9]

Die Sprache ist vielfach Gegenstand des positiven Rechts: „Die Amtssprache ist deutsch" (§ 23 Abs. 1 VwVfG):

> „Deshalb ist in amtlichen Mitteilungen, Entscheidungen, Bescheiden und sonstigen Äußerungen ausschließlich die deutsche Sprache zu verwenden. Alle Verfahrenshandlungen gegenüber Behörden können nur in Deutsch wirksam werden; nur in deutscher Sprache abgefaßte Erklärungen wahren Fristen oder setzen sie in Lauf."[10]

Weitere Beispiele: „Die Gerichtssprache ist deutsch" (§ 184 GVG); „Der Jahresabschluß ist in deutscher Sprache ... aufzustellen" (§ 244 HGB). Auch das Recht auf einen Dolmetscher (§ 185 GVG, § 259 StPO, Art. 6 Abs. 3 der Europäischen Konvention zum Schutz der Menschenrechte) ist zu nennen.

All' das erscheint uns selbstverständlich – nicht erwähnenswert. Doch die fundamentale Bedeutung der Sprache als Bindeglied einer Gesellschaft[11] leuchtet auf angesichts einer Überschrift wie „Frage der Rechtsprache in Südtirol weiterhin ungelöst" und der dann folgenden Bemerkung:

> „Die Veranstaltung hat gezeigt, daß die Gleichbehandlung aller Bürger trotz Verschiedenheit der Sprache erhebliche Probleme aufwirft."[12]

Wir erinnern uns, wie explosiv die Sprachenfrage in der zweiten Hälfte des vorigen Jahrhunderts für Österreich war;[13] heute finden wir ähnliches in Belgien und in den baltischen Staaten.[14]

Das Recht greift aber weiter in die Sprache ein: Ich erwähne die Bemühungen, die Rechtschreibung neu zu ordnen, oder die Bestimmung der Nationalhymne.[15] Das Landgericht Darmstadt erlaubte gerade den Meteorologen, den „Altweiber-

[8] Haft, Juristische Rhetorik, 3. Aufl., Freiburg/München 1985; Gast, Juristische Rhetorik, Heidelberg 1988; ders., Vom rhetorischen Geschäft des Juristen, BB 1988, 569; Schreckenberger, Rhetorische Semiotik, Freiburg/München 1978; James Boyd White, Law as Rhetoric, Rhetoric as Law, Un. Chicago L. Rev. 52 (1985) 684; ders., Heracles' Bow, Essays on the Rhetoric and Poetics of Law, 1985

[9] Kirchhof, Deutsche Sprache, in: Isensee/Kirchhof, Handbuch des Staatsrechts, Bd. 1, Heidelberg 1987, S. 745

[10] Kirchhof a. a. O. 762

[11] James Boyd White, When Words Lose Their Meaning, Chicago, Ill. 1984; Milner S. Ball, Lying Down Together, 1985

[12] JZ 1988, 1311

[13] Friedrich Prinz, Geschichte Böhmens, 1848–1948, München 1988

[14] Uibopun, Wir wollen uns auch vor Behörden des Estnischen bedienen, FAZ v. 1. 2. 1989, Nr. 27 S. 11

[15] Spendel, Zum Deutschland-Lied als Nationalhymne, JZ 1988, 12

sommer" anzukündigen,[16] der Europäische Gerichtshof definierte die Begriffe „Bier"[17] und „Wurst"[18] neu.

Bei Staatsverträgen ist festzulegen, welche Sprachfassung authentisch ist;[19] bei Rechtsgeschäften über die Grenze hinweg ergibt sich oft die Frage, wer das Sprachrisiko tragen soll (denken Sie an den sprachunkundigen Ausländer, der bei uns einen Vertrag schließt).[20] Die Beispiele lassen sich leicht vermehren. Ich nenne nur noch das weite Feld der Auslegung, der juristischen Hermeneutik.[21]

II. Recht und Sprache / Sprache und Recht

Der Überblick zeigt, wie vielfach sich Juristen um die Sprache bemühen. Aber damit sind wir noch nicht am Kern. Diesen Kern umschreiben wir herkömmlich mit den Begriffspaaren Recht und Sprache/Sprache und Recht.

1. Recht und Sprache

Hier erörtern wir, wie Juristen die Sprache benutzen, um das Recht den Rechtsunterworfenen verständlich zu machen: Die Sprache als Werkzeug. Wie lassen sich „Rechtsproduktion der Juristen" und „Rechtsbewußtsein der Bürger" zusammenbringen?[22] Die Akzeptanz des Rechts[23] hängt ab von einer verständlichen Rechtssprache, von deren Stellung innerhalb der allgemeinen Sprachkultur. Hermann Conring schrieb 1665 (auf Latein!):

> „Man soll also erstens das Recht in einer Sprache niederschreiben, die knapp, klar und vaterländisch [= deutsch] ist. Diese Sprache nämlich ist dann endlich für diejenigen verständlich, die nach diesem Recht leben sollen. Wenn man eine Fremdsprache oder reine Fachsprache verwendet, begeht man ein Unrecht

[16] Az: 3 O 535/88
[17] Urteil des EuGH vom 12. März 1987 RS. 178–84, WuW 1987, 765
[18] Urteil des EuGH vom 2. Februar 1989 Rs. 274–87
[19] Hilf, Die Auslegung mehrsprachiger Verträge, Berlin u. a. 1973
[20] BGH WM 1988, 1408; OLG Stuttgart, IPRax 1988, 293; vgl. Schwarz, Das „Sprachrisiko" im internationalen Geschäftsverkehr – Ein deutsch-portugiesischer Fall, IPRax 1988, 278; Spellenberg, Fremdsprache und Rechtsgeschäft, FS Ferid, Frankfurt/M. 1988, S. 463
[21] Esser, Grundsatz und Norm in der richterlichen Fortbildung des Privatrechts, Tübingen 1974; ders., Vorverständnis und Methodenwahl in der Rechtsfindung, Frankfurt/M. 1971
[22] Bryde/Hoffmann-Riem, Rechtsproduktion und Rechtsbewußtsein, Baden-Baden 1988; Wassermann/Petersen, Recht und Sprache, Heidelberg 1983
[23] So der Titel des Aufsatzes von Hill, JZ 1988, 377

an den Leuten. Das gilt erst recht, da diese Sprache heutzutage genaugenommen auch unter den Gelehrten von nur wenigen verstanden wird."[24]

Juristen sollen nicht nur richtiges Recht sprechen, sie sollen auch das Recht „richtig sprechen".[25] Sie müssen sich dem Sprachgebrauch und dem Sprachverständnis der Rechtsunterworfenen anpassen. Gelingt ihnen das? Verständlichkeit und Verstehen im Recht – einige sehen darin einen Wunsch, der immer Traum ist – denken Sie an Ihre letzte Steuererklärung! Zwischen Fachsprache und Allgemeinsprache bleibt eine Spannung.[26]

Uns Juristen schreckt Kafkas Erzählung „Vor dem Gesetz": Der „Mann vom Lande" bittet um „Eintritt in das Gesetz", aber es gelingt ihm – entmutigt – der Eintritt selbst durch den für ihn vorgesehenen Eingang nicht.[27] Wir stimmen vielleicht dem Juristen Kafka zu in seiner Skizze „Zur Frage des Gesetzes":

> „Unsere Gesetze sind nicht allgemein bekannt, sie sind Geheimnis der kleinen Adelsgruppe, welche uns beherrscht. Wir sind davon überzeugt, daß diese alten Gesetze genau eingehalten werden, aber es ist doch etwas äußerst Quälendes, nach Gesetzen beherrscht zu werden, die man nicht kennt."[28]

2. *Sprache und Recht*

Besonders wichtig für den Rechtsvergleicher ist, ob und inwieweit die Sprache das Recht beeinflußt, das Recht von der Struktur der Sprache abhängt.[29] Hier geht es also um die Sprache nicht als Diener, sonders als Meister der Juristen. Einen Hinweis darauf finden wir schon bei Paulus:

[24] De Origine Juris Germanici, 3. Aufl., Helmstedt 1665, S. 243; aus Hattenhauer/Buschmann, Textbuch zur Privatrechtsgeschichte der Neuzeit, München 1967, S. 147f.; siehe auch Herberger, Unverständlichkeit des Rechts, in: Wassermann/Petersen, Recht und Sprache, Heidelberg 1983, S. 19

[25] Dölle (oben A. 1) 75; vgl. Classen, Cicero – heute?, NJW 1989, 367

[26] Haß, Expertenkauderwelsch, Zeitschrift f. d. Post- und Fernmeldewesen 1989, Heft 1, S. 18; Bausinger, Wortbarrieren der Umgangssprache, ibid. 4/1989, S. 12; Drosdowski, Ist unsere Sprache noch zu retten? ibid. 9/1989, S. 4. Vgl. Möhn/Pelka, Fachsprachen, Tübingen 1984, Weinrich, Sprache und Wissenschaft, in: Kalverkaemper/Weinrich (Hrsg.), Deutsch als Wissenschaftssprache, Tübingen 1986

[27] Vgl. dazu Ps. 118,19–20 2 Chr. 23, 19 und bei Parmenides das „Tod der Bahnen von Nacht und Tag", das von Dike, der Göttin des Rechts, bewacht wird. Vgl. Deissler, Christ in der Gegenwart 41 (1989) 335

[28] Vgl. Schmidthäuser, Form und Gehalt der Strafgesetze, und die anschließende Diskussion mit Hoerster, JZ 1989, 10, 419, 425

[29] Großfeld, Macht und Ohnmacht der Rechtsvergleichung, Tübingen 1984, S. 149; Sukale, Denken, Sprechen und Wissen, Tübingen 1988; Lakoff/Johnson, Metaphors We Live By, Chicago, Ill. 1980

„Als ich ein Kind war,
redete ich wie ein Kind,
dachte wie ein Kind
und urteilte wie ein Kind.“[30]

Reden - Denken - Urteilen! Haben wir die Sprache „im Griff“, hat sie uns „im Griff“? Was geschieht, wenn ein Rechtsinstitut von einem Sprachraum in einen anderen wandert? Die Antwort liegt auf der Hand: Jedenfalls soweit die Sprache unser Denken lenkt - wie Wilhelm von Humboldt und Whorf lehren[31] -, wirkt sie auf unser Recht.[32] Das führt sogleich zu der Frage, welche Rolle die besondere Schriftart für das Recht hat;[33] wir erleben die Welt ja auch nach dem Bild der Schrift. Welche Folgen mag die Übernahme des Rechts in Computersprachen und Computerzeichen haben?[34]

3. *Stellenwert*

Die Antworten auf diese Fragen sind für uns Juristen von größter Bedeutung. Recht muß nicht unbedingt (laut-)sprachlich verfaßt sein; Gesten, Gebärden, Symbole, Formen (= stumme Zeichen) gehören dazu. Aber in unserer Kultur ist Recht doch weithin unlösbar an Sprache (und an Buchstaben) gebunden. Das führt über linguistische und literarische Interessen hinaus. Häufig hört man dazu, daß Recht eben sprachlich vermittelte Gewalt sei (Ulrich L. Preuss). Doch ist das einseitig; Recht ist auch geduldiger Überzeugungsversuch, lebt von der Zustimmung der Rechtsunterworfenen. Deshalb ist die „Regel des Handelns ... nicht selten ganz von der Zwangsnorm verschieden“.[35] Allerdings laufen politisch-rechtliche Autorität und Wortmacht weithin parallel.

[30] 1 Kor. 13, 11
[31] Großfeld, Macht (oben A. 29) S. 171; Gipper, Das Sprachapriori, Stuttgart-Bad Cannstatt 1987
[32] Großfeld a. a. O.
[33] Großfeld, Der Buchstabe des Gesetzes, JZ 1987, 1; Illich/Sanders, Das Denken lernt schreiben, Hamburg 1988; Wieland Schmidt, Vom Buch, Berlin u. a. 1988. Vgl. Raupach, Die typographische Gestaltung von Gesetzestexten als Kriterium der Auslegung, StuW 1988, 239; Ludwig Muth, Maria und die lesende Kirche, Christ in der Gegenwart 40 (1988), 181
[34] Großfeld, Computer und Recht, JZ 1984, 696; ders., Justitia und EDV, Perspektiven 1986, Nr. 7, S. 38
[35] Ehrlich, Grundlegung der Soziologie des Rechts, 3. Aufl., Berlin 1967, S. 17

4. Ansatz

Die skizzierten Aspekte sind jeder für sich so groß, daß es vermessen wäre, sie im Rahmen eines Vortrages anzugehen. Hier sind sie daher nur das Umfeld, aus dem heraus ich die Stellung des Juristen - vielleicht auch nur *eines* Juristen - zur Sprache erörtern möchte. Ausgangspunkt ist das Erlebnis, ja das Abenteuer der Sprache in der Rechtsvergleichung, das zwingt, über das Verhältnis zu unserer Sprache nachzudenken. Was bedeutet sie uns? Diese Betroffenheit führt zu einer persönlichen Sicht, zu einer spontanen, aber auch „heiteren" Reaktion, die den Dilettanten immer wieder an seine Grenzen führt. Doch wer ist in diesem Bereich Fachmann? Ich werde mehr Fragen aufwerfen als Antworten geben.

Den persönlichen Ansatz werde ich auch insoweit durchhalten, als ich mich bei der tastenden Wanderung in das Zauberland der Sprache vornehmlich an bestimmte Gewährsleute halten werde, vor allem an Juristen und Dichter - namentlich dort, wo sie im Dichterjuristen oder Juristendichter zusammentreffen. In dieser Nähe des Juristen zum Dichter fühle ich mich in einer großen Tradition - wie ich noch belegen werde: „Denn das Recht fußt auf Wahrheiten, die juristisch nicht zu ermitteln sind";[36] die Jurisprudenz selbst folgt deshalb „dichterischem vorwissenschaftlichem Denken" wie Marcic sagte,[37] hofft wohl auch auf den Dichter, der den Mast sieht, „lang bevor wir das Schiff ausmachen".[38]

III. „Unsere Sprache"

1. Magie der Sprache[39]

In unserer europäischen Kultur nimmt die Sprache, nimmt „das Wort" eine Spitzenstellung ein. Unsere Kultur ist zu einem großen Teil Wortkultur.[40] Das erste Buch der Bibel schildert uns das „Schöpferwort" und folgerichtig lehrt

[36] Marcic, Ernst Jüngers Rechtsentwurf zum Weltstaat, in: Salzburger Universitätsreden, Heft 4, Salzburg u. a. 1966, S. 13

[37] A. a. O. S. 9

[38] A. a. O. S. 10. Ähnlich wohl die Sicht Heideggers, nach Haeffner, Martin Heidegger, in: Höffe (Hrsg.), Klassiker der Philosophie, Bd. 2, 2. Aufl., München 1985, S. 360, 379. Vgl. Wolfgang Zach, Poetic Justice, Tübingen 1986

[39] Van Dunné, De magie van het woord, Arnheim 1988

[40] Weinrich, Mit den Nachbarn in ihrer Sprache reden, FAZ v. 7. 11. 1987, Nr. 259

Johannes „Im Anfang war das Wort".[41] Dieses Wort steht nicht nur im Anfang, sondern auch im Ende: „Meine Worte werden nicht vergehen", sagt Jesus; „Das Wort sie sollen lassen stahn", singt Luther.[42] Das Wort ist danach Schöpferwort, Heilswort, Gerichtswort: Das Schicksal wird durch Benennung gebannt.

Josef Weinheber besingt die zentrale, religiös verfestigte Stellung der Sprache in seinem „Hymnus auf die deutsche Sprache":

„Sprache unser!
Die wir dich sprechen in Gnaden, dunkle Geliebte!
Die wir dich schweigen in Ehrfurcht, heilige Mutter!"

Die Sprache ist also Vater (vgl. „Vater unser") und Mutter, ist Anfang und Ende, Alpha und Omega, (menschliches) Sein oder Nichtsein! Der Jurist Heinrich Heine nennt sie „unser heiligstes Gut".[43] Sprache ist auch Bild des Ewigen:

„Nicht sind die Leiden erkannt,
nicht ist die Liebe gelernt,
und was im Tod uns entfernt,

ist nicht entschleiert,
einzig das Lied überm Land
heiligt und feiert." (Rilke)[44]

2. *Sprache und Identität*

Die Sprache schafft uns als Person. Das haben Dichter oft empfunden, vor allem Dichter im Exil.[45] Man weiß von Heinrich Heine, daß er nur in der deutschen Sprache seine Heimat finden konnte; sie war sein Traum (vgl. sein Gedicht: „Ich hatte einst ein schönes Vaterland"). „Stimmung" kommt von „Stimme". Hilde Domin (die ihren Namen von ihrem Exilland Dominikanische Republik ableitet) schreibt:

[41] Johannes 1,1
[42] Biser, Der Schuldner des Wortes, Stimmen der Zeit 201 (1983) 734
[43] Heine, Die Romantik, in: Heine, Werke (Insel), Bd. 4, S. 5. Zu Heine als Jurist: Küper, Heinrich Heine über Straftheorien, JZ 1989, 37; Braun, „Doktor Eli und Monsieur Ane", NJW 1989, 321
[44] Die Sonette an Orpheus XIX
[45] Hinck, Heimatliteratur und Weltbürgertum, in: Bienek (Hrsg.), Heimat, München 1985, S. 42; Maimann, Sprachlosigkeit, in: Frühwald/Schieder (Hrsg.), Leben im Exil, Hamburg 1981, S. 34

„Nur eine Rose als Stütze
...
Aber ich liege in Vogelfedern, hoch ins Leere gewiegt.
Mir schwindelt. Ich schlafe nicht ein. Meine Hand
greift nach einem Halt und findet
nur eine Rose als Stütze."

Frau Domin (Tochter eines Kölner Juristen) sagte mir 1984, in den langen Jahren des ihr aufgezwungenen Exils sei die deutsche Sprache diese „Rose", dieser Halt gewesen. Sie bestätigt damit eine Interpretation von Walter Jens. Das deutet wohl auch das Motto an, das dem betreffenden Abschnitt ihres Buches vorangestellt ist: „Ich setzte den Fuß in die Luft, und sie trug."[46]

Ähnlich schildert es Shakespeare in König Richard II. Der lebenslänglich aus dem Land verbannte Herzog von Norfolk sagt:

„Die Sprache, die ich vierzig Jahr gelernt,
Mein mütterliches Englisch, soll ich missen;
Und meine Zunge nützt mir nun nicht mehr
Als, ohne Saiten, Laute oder Harfe
Ein künstlich Instrument im Kasten ...
...
Was ist dein Urteil denn als stummer Tod,
Das eignen Hauch zu atmen mir verbot?"

Carl Zuckmayer empfand das „Sprachheimweh" als schlimmste Form des Heimwehs. Wohl jeder Jurist in der Emigration[47] mußte leidvoll erfahren (ich kann es aus Gesprächen bezeugen), was Max Hermann-Neisse betrauert in seinem Gedicht: „Ein deutscher Dichter bin ich einst gewesen":

„Doch hier wird niemand meine Verse lesen,
ist nichts, was meiner Seele Sprache spricht;
ein deutscher Dichter bin ich einst gewesen,
jetzt ist mein Leben Spuk wie mein Gedicht."[48]

Der in fremdsprachiger Umwelt tätige Jurist spielt oft „auf einer Geige aus Stein, auf einem Klavier ohne Saiten" (Leonhard Frank).[49]

[46] Hilde Domin, Nur eine Rose als Stütze, Frankfurt/M. 1959, S. 55; zu Hilde Domin: Lermen, „Hand in Hand mit der Sprache", Die Lyrikerin Hilde Domin, Stimmen der Zeit 204 (1986), 120

[47] Dazu Touster, Reflections on the Emigré Scholar: In Memory of Arthur Lenhoff, Buffalo L. Rev. 16 (1966/67) 1

[48] Zu ähnlichen Erfahrungen bei Rose Ausländer: Lermen, Ausgegrabene Wurzeln, Stimmen der Zeit 203 (1985) 632

[49] Zit. nach Hinck, Heimatliteratur (oben A. 45) 43

Die Sprache reicht über das Individuum hinaus, zielt auf das Ganze des Volkes, ist das kollektive kulturelle Gedächtnis: Des Volkes Seele lebt in seiner Sprache – sagt man. Felix Dahn bestätigt („An unsere Sprache"):

„O tönet fort, ihr heilgen Zungen
Darin mein Volk frohlockt und klagt,
Du Saitenspiel, nie ausgeklungen,
Du Rätsel, niemals ausgesagt."

Carl Jacob Burckhardt meinte gar:

„Die Sprachen halten die Völker zusammen und bedingen ihre Wirkung nach außen, sie sind in der Tat stärker als Waffengewalt."[50]

Nach Heinrich Heine ist das deutsche Wort „ein Grenzstein Deutschlands, den kein schlauer Nachbar verrücken kann."[51]

3. Sprache als Anschauung

Die Sprache schafft nicht nur, sie gibt uns nicht nur Identität. Sprache ist selbst Theorie (= Anschauung),[52] sie öffnet den Blick auf die Wirklichkeit:

„Und die Welt fängt an zu singen,
triffst Du nur das Zauberwort."

Eichendorff war Jurist.

„Dann fliegt vor Einem geheimen Wort
Das ganze verkehrte Wesen fort."

Novalis war ebenfalls Jurist.

Das Märchen der Gebrüder Grimm (beide Juristen) „Simeliberg" malt das in bunten Farben: Die Sprache offenbart die Wunder der Welt. Das Wort „Berg Semsi, Berg Semsi, tu dich auf", öffnet den Berg –

„und der ganze Berg war eine Höhle voll Silber und Gold, und hinten lagen große Haufen Perlen und blitzende Edelsteine wie Korn aufgeschüttet".

Wer aber das rechte Wort verfehlt, dem bleibt der Berg verschlossen. Das Wort muß genau sein, ein ähnliches Wort („Simeliberg") tut es nicht.

[50] Burckhardt, Völkerpersönlichkeit und Sprache, in: Gesammelte Werke, Bd. 2, Bern u. a. 1971, S. 385
[51] Heine (oben A. 43) S. 5
[52] So die Lehre von Quine; vgl. Koppelberg, Die Aufhebung der analytischen Philosophie, Frankfurt/M. 1987

4. Sprache als Schöpfer

Stark ist die Vorstellung, daß Sprache schafft (in der Tat gibt es Verwandtschaften zwischen Rede, Recht, Wirken). Der Schöpfergott unserer Bibel schafft durch Sprechen:

„Alles ward durch das Wort
und nichts was geworden,
ward ohne das Wort."[53]

Dichter haben diese Kraft der Sprache gefühlt. Friedrich Hebbel notiert in sein Tagebuch: „Das Wort finden, läßt die Dinge selbst finden."[54] Stefan George endet sein Gedicht „Das Wort":

„So lernt ich traurig den verzicht:
Kein ding sei wo das Wort gebricht."

Das lehrt uns auch die Naturwissenschaft. Nach Heisenberg wußten die Atomphysiker anfänglich nicht

„welche Beschreibung eines Atomvorgangs für ein gegebenes Experiment zu den richtigen Resultaten führen wird".[55]

Wie kann eine „Beschreibung" Resultate bewirken? Heisenberg spricht von der „schöpferischen Kraft der mathematischen Formulierung", was die Geschichte der Mathematik bestätigt (Descartes' analytische Geometrie, Leibnitz' Integralrechnung). Aus Erfahrung wissen wir: Wir können Konflikte „herbeireden". So ist es: Sprache schafft, was sie sagt (Hans Weder). Umgekehrt kann das Wort „verschwinden" lassen: Wir kennen die Ausdrücke „totschweigen", „totbeten", „zu Tode reden":

„Es ist ein eigener, grillenhafter Zug,
Daß wir durch Schweigen das Geschehen
Für uns und andere zu vernichten glauben." (Goethe)[56]

Das steckt schließlich hinter dem Gedicht Morgensterns von der „Unmöglichen Tatsache":

[53] Johannes 1,3
[54] Vgl. Müller-Dietz, Tagebuch und Recht – am Beispiel Friedrich Hebbels, NJW 1989, 329
[55] Heisenberg, Physik und Philosophie, Frankfurt/M. u. a. 1984, S. 20f.
[56] Conrady (Hrsg.), Das große deutsche Gedichtbuch, Kronenberg/Ts. 1977, S. 868

„Und er kommt zu dem Ergebnis:
‚Nur ein Traum war das Erlebnis'.
‚Weil', so schließt er messerscharf,
‚nicht sein *kann*, was nicht sein *darf*!'"

Was die Sprache nicht zu sein erlaubt, existiert nicht.[57] Das begegnet uns bei jedem Tabu: Man darf etwas nicht aussprechen, denn das Sprechen bewirkt Unheil. („O rühret nicht daran" - Emanuel Geibel).

IV. Zweifel an der Sprache

Nun, Sie hören diese Botschaft, glauben Sie auch daran? Die Sprache ist gewiß etwas Hohes, etwas Einzigartiges. Aber: Können wir auf Sprache bauen, oder ist der verlassen, der sich auf sie verläßt? (Hören Sie die Doppeldeutigkeit des Wortes „verlassen"?). Ist das Glas „halbvoll" oder „halbleer", haben wir „feste Ladenöffnungszeiten"oder „feste Ladenschließungszeiten"? Sagt das Wort mehr als sich selbst? Unsere Fragen bestehen in Worten und nehmen Worte in Zahlung (Montaigne).

Die Zweifel an der Sprache teilen wir mit Dichtern. Hermann Kesten klagt über das Wort:

„Der Zauber lischt wie eine Kerze aus.
Ich bin kein Kind mehr. Welk sind alle Träume.
Es kracht schon im Gebälk. Es schwankt das Haus.
Wie ins Exil verschwinden meine Bäume."

Sind wir Schildbürger, die versuchen, das Licht der Erkenntnis in die Säcke der Sprache zu füllen? „Sprache ist Delphi" lehrt der Jurist Novalis: Sie kann wahrsagen und lügen. Wie wahr ist „wahrsagen"? Haben wir nicht gerade da Zweifel? Wir stehen vor einem Rätsel: Wie verhält sich die Sprache zur Wirklichkeit?

Dieses Problem ist ungelöst. Wir Normalmenschen haben es mit den Mathematikern gemeinsam – auch sie sind ja ganz ihrer Sondersprache, eben der Mathematik ausgeliefert.[58] Einstein formulierte das so:

[57] Westen, The Empty Idea of Equality, Harvard L. Rev. 95 (1982) 537; ders., „Freedom + Coercion" - Virtue Words and Vice Words, Duke L. J. 1985, 86

[58] Memminger, Zahlwort und Ziffer, 2. Aufl., Göttingen 1958

„An dieser Stelle taucht nun ein Rätsel auf, das Forscher aller Zeiten so viel beunruhigt hat. Wie ist es möglich, daß die Mathematik, die doch ein von aller Erfahrung unabhängiges Produkt des menschlichen Denkens ist, auf die Gegenstände der Wirklichkeit so vortrefflich paßt? Kann denn die menschliche Vernunft ohne Erfahrung durch bloßes Denken Eigenschaften der wirklichen Dinge ergründen?
Hierauf ist nach meiner Ansicht kurz zu antworten: Insofern sich die Sätze der Mathematik auf die Wirklichkeit beziehen, sind sie nicht sicher, und insofern sie sicher sind, beziehen sie sich nicht auf die Wirklichkeit."[59]

Das klingt pessimistisch. Aber gilt es außerhalb der Mathematik, im Bereich des Menschlichen? Ich lasse die Frage im Raum stehen.

Doch bleiben wir noch bei „Sprache ist Delphi". Sprache ist mehrwertig, ist mehrdeutig. Ich erwähne nur das Wort „Versprechen", das „Bindung" und „Irrtum vorbehalten" (also Nicht-Bindung) meinen kann. Der Jurist Nestroy zeigt, wie aus Bindung Nichtbindung wird:

„Der Mensch kann nur halten, was er hat; hab' ich ihm mein Wort gegeben, dann hat er's und nicht ich, da ist das Halten ein Hirngespinst."[60]

Oder:

„Hab' ich mein Wort gegeben, so kann ich es auch zurücknehmen, denn es ist *mein* Wort, ich bin Herr darüber, oder glaubt ihr, ich werde euretwegen der Sklave meines Wortes sein?"[61]

Die Wörter Logos, Lex, Lug und Lüge stehen sich wohl über eine gemeinsame Wurzel nahe. In Shakespeares „Was ihr wollt" hören wir:

„Narr: Aber wahrhaftig, Worte sind rechte Hundsfötter, seit Verschreibungen sie zuschanden gemacht haben.
Viola: Dein Grund?
Narr: Meiner Treu, (Herr), ich kann Euch keinen ohne Worte angeben, und Worte sind so falsch geworden, daß ich keine Gründe darauf bauen mag."[62]

[59] Einstein, Geometrie und Erfahrung, in: Sambursky, Der Weg der Physik, DTV, München 1978, S. 642; Grundsätzlich: Davis/Hersh, Erfahrung Mathematik, Basel u. a. 1986, S. 337; Lauxmann, Wo endet die Mathematik?, Zeitschrift f. d. Post- und Fernmeldewesen 1989, Heft 4 S. 36. Anders für das Verhältnis von Mathematik und Mechanik Hertz, Die Prinzipien der Mechanik, in: Gesammelte Schriften, Bd. 3, Leipzig 1894

[60] Umsonst, 3. Akt

[61] Moppels Abenteuer im Viertel unter dem Wiener Wald, in Neuseeland und in Marokko

[62] 3. Aufzug, 1. Szene

Stendhal erinnert in „Rot und Schwarz" an das Wort des Jesuiten Malagrida: „La parole a été donné à l'homme pour cacher sa pensée."
Bei Goethe rät gerade der Teufel (Mephisto):

„Im Ganzen: haltet Euch an Worte!
Dann geht ihr durch die sichere Pforte
zum Tempel der Gewißheit ein."

Und:

„Denn eben wo Begriffe fehlen,
Da stellt ein Wort zur rechten Zeit sich ein."

Der Rat des Teufels! Worte: Göttlich – wie in der Bibel, oder teuflisch – wie im Faust? Oder: Je nachdem?

V. Schweigen

Nicht nur das Sprechen, auch das Schweigen geht uns an. Die Sprache erhält ihre Deutigkeit ja aus dem Wechselspiel mit dem Schweigen: Sie spielt vor und bezieht sich auf einen still mitempfundenen Hintergrund, ist eingegliedert in eine stumme kulturelle Matrix, die den Sinn der Wörter bestimmt:

„Much of the meaning of words therefore lies in silence, in the unstated but accepted background against which they have their meaning."[63]
„Es gibt eine aussprechende Sprache und eine verschweigende Sprache." (Günter Eich)[64]

Wie verhalten sie sich zueinander?

[63] White, Thinking About our Language, Yale L. J. 96 (1987) 1960, 1973; vgl. Augustinus, Bekenntnisse, 1. Buch, 8. Kap.
[64] Vgl. Augustinus, Bekenntnisse, 1. Buch, 9. Kap.

VI. Die Sicht des Juristen

1. Grundlagen

Für uns Juristen sind diese Fragen existentiell; denn wir sollen durch das Wort die Welt ordnen. Positives Recht (Gesetz) und Wort sind eineiige Zwillinge! Die Verbindung von Sprache, Ordnung, Recht begegnet uns schon auf der elementarsten Ebene. Das Kind kann nicht „hören", es ist „ungehorsam". Er hat „gehorcht" kann „hören" und „befolgen" meinen. Wenn jemand anordnen kann, hat er das „Sagen", der Ohnmächtige hat „nichts zu sagen". Wir folgen der „Stimme" des Gewissens; Recht verweist auf „Ver-antwortung", handelt von „Ansprüchen". Das lateinische Wort *ius, iuris* (wie in Jurisprudenz, Justiz) leitet sich wohl ab vom altindischen Wort *yoh,* das eine Sprachformel für Heil und Segen war.[65] Das heilende Wort: diesen Ausdruck kennen wir noch heute. Im „rechten Wort zur rechten Zeit" klingt ähnliches nach.

Ist Ihnen aufgefallen, daß Kinder ihre Angelegenheiten oft durch Reimverse regeln, vor allem durch den Abzählvers, der entscheidet, wer „suchen" *muß*? Der Reim duldet keinen Widerspruch! Wir spüren ein „ungebrochenes Vertrauen zur Wirksamkeit ... des Verses":[66]

„Der Reim ist heilig. Denn durch ihn erfahren
Wir tiefe Zwieheit, die sich will entsprechen." (Franz Werfel)[67]

Das Recht im Kindervers – ein klassisches Thema.[68] Ich nenne als Beispiel:

„Das ist der Gänsedieb,
den hat kein Mensch mehr lieb."

Kann man die Folge der bösen Tat (soziales Abseits) reimend besser umschreiben? „Fuchs, du hast die Gans gestohlen!" lehrt das Eigentum zu achten. Hier klingt an der „wesenhafte Zusammenhang von Rechtsprechung und Spiel" (Erkenntnis durch geregelte Sprachspiele?), von Dichtung und Spiel, aber auch, daß man Heiliges und Feierliches im Gedicht sagt.[69] Das beruht wohl darauf,

[65] Großfeld, Macht (oben A. 29) S. 167 Fn. 71
[66] Bobrowski, Gesammelte Werke, Bd. 1, Stuttgart 1987, S. LVI
[67] Hinck (Hrsg.), Schläft ein Lied in allen Dingen, Frankfurt/M. 1985, S. 158
[68] Von Künßberg, Rechtsbrauch und Kinderspiel, Sitzungsberichte der Heidelberger Akademie der Wissenschaften 1920, S. 34ff.
[69] Huizinga, Homo Ludens, Kap. IV und VII mit Bezug auf König, Der Rechtsbruch und sein Ausgleich bei den Eskimos, Anthropos 19 (1924) S. 464, 771/20 (1925) S. 276. Zum Streitgedicht allgemein Kantorowicz, The poetical sermon of a mediaeval Jurist, in: ders., Rechtshistorische Schriften, Karlsruhe 1970, S. 111, 121

„daß jede Regung unserer Seele nach ihrer Art auch in Gesang und Stimme ihre Weise hat, etwas wie tief verborgene Verwandtschaft, die sie reizt und anregt.“[70]

Märchen, Legenden und Sprichwörter sind weitere Mittler von Recht.[71]

2. *Dichtung und Recht*

Wir begegnen schon hier einer Nähe zwischen Literatur und Recht, Dichtung und Recht.[72] Sie ist tief im Mythologischen verankert. Odin, der nordeuropäische Wodan, war der Gott der Poesie *und* des Rechts; Apoll, der Gott der Musen, war der Schöpfer der Gesetze, die „nomoi“, d. h. auch „Gesänge“ hießen. Diese Verbindung läßt sich aus dem Mythos heraus durch die Geschichte verfolgen.[73] Wir spüren immer wieder über Personen und Texte die Nähe zwischen Dichtung und Recht, Recht und Dichtung (Dichtung im Recht, Recht in der Dichtung). Bekanntes Beispiel für die Dichtung im Recht ist die Reimvorrede des Sachsenspiegels mit dem schönen Satz:

„Diz recht en habe ich selbir nicht erdacht,
ez haben von aldere an uns gebracht
Unse guten vorevaren.“[74]

Jacob Grimms „Von der Poesie im Recht“[75] enthält viele andere Beispiele.

Als Beleg für das Recht in der Dichtung nenne ich Reinhold Schneiders „Das Richtschwert“, in dem wir hören:

[70] Augustinus, Bekenntnisse, 10. Buch, 33 Kap.

[71] Fehr, Das Recht in der Dichtung, Bern 1931, S. 451; Hattenhauer, Das Recht der Heiligen, Berlin 1976

[72] Vgl. auch Fehr, Die Dichtung des Mittelalters als Quelle des Rechts, FS Haff, Insbruck 1950, S. 62; White, Law & Literature, Law Quadrangle Notes (U. o. Mich. Law Sch.) 33 (1989) Nr. 3 S. 34

[73] Wohl vollständiger Überblick bei Dovaert van den Bergh, Themis en de Muzen – De Functie van de gebonden Vormen in het Recht, Haarlem 1964. Eine Fundgrube! Siehe auch Eden, Poetic and Legal Fiction in the Aristotelian Tradition, Princeton 1986; Drion, Ontmoetingen tussen recht en literatur, Ars Aequi 33 (1984) 665; Danet, The magic flute: A prosodic analysis of binominal expressions in legal texts, Hebrew Text 4 (1984) 143; Schnur, Moderner Staat, moderne Dichtung und die Juristen, in ders. (Hrsg.), Die Rolle der Juristen bei der Entstehung des modernen Staates, Berlin 1986, S. 851; Kleist Jahrbuch 1985, dazu Müller-Dietz, JZ 1986, 999; Posner, Law and Literature, A Relation Reargued, Virginia L. Rev. 72 (1986) 1351; ders., Law and Literature, Cambridge, Mass. 1988; Fish, Don't Know Much About the Middle Ages: Posner on Law and Literature, Yale L. J. 97 (1988) 777; (ndl.) Ars Aequi 33 (1984) Nr. 12: Literatur + Recht; Jahn, NJW 1989, 377

[74] Verse 151–153

[75] Zeitschrift f. Geschichtliche Rechtswissenschaft 2 (1816) 25

„Ich richte nicht. Ich muß das Schwert nur sein
Und schlage nicht aus meiner Kraft. Das Recht
Will mich zum Knecht an Gottes armen Knecht,
Er möge mir und möge dir verzeihn!“[76]

Aber bevor wir uns beruhigt zurücklehnen, möchte ich dagegensetzen, was Adelbert von Chamisso den Henker sagen läßt („Vergeltung“):

„Ja, die Mächtigen, die Beglückten,
Ja, die Götter dieser Erden!
Ihnen muß der Unterdrückten
Sühnend Blut geopfert werden;
Rein von Blut sind ihre Hände,
Das Gesetz verlangt die Spende,
Wie der Richter selber spricht;
Ich, Verworfner, brings zu Ende,
Ob das Herz darob mir bricht.“[77]

Die Verbindung von Dichtung und Recht hat von den Zeiten der Griechen und Römer her über das Mittelalter und die Neuzeit hin Aufmerksamkeit erregt. „Dichterjuristen“ und „Juristendichter“ ist ein Thema ohne Ende; Eugen Wohlhaupter hat dazu ein dreibändiges Werk vorgelegt.[78] Ist es Zufall, daß Solon zugleich Gesetzgeber und Dichter, daß er Dichterjurist war? Der französische Dichterjurist Autelz schrieb 1546, daß die Jurisprudenz die dem Dichter angemessenste Wissenschaft sei.[79] Ernst Jünger mahnt den Autor: „Günstig scheint das juristische Studium.“[80]

[76] Gesammelte Werke, Bd. 8, Suhrkamp TB 1418, S. 105

[77] Vgl. Kelsey Kauffman, Prison Officers and Their World, Cambridge, Mass. 1988; Losch, Friedrich Dürrenmatt – „Die Gerechtigkeit ist etwas Fürchterliches“, NJW 1989, 343

[78] Wohlhaupter, Dichterjuristen, 3 Bände (Herausgegeben von Seifert), Tübingen 1952–1957; zu Wohlhaupter: Hattenhauer, Rechtswissenschaft im NS-Staat, Heidelberg 1987. Zu Dichterjuristen allgemein: Pietscher, Jurist und Dichter, Dessau 1881; Radbruch, Einführung in die Rechtswissenschaft, 12. Aufl. (hrsg. v. Zweigert), Stuttgart 1969, S. 259; Noda, La Conception du Droit de Japonais, Etude juridique Julliot de La Morandière, Paris 1964, S. 421; Kilian, Literatur und Jurisprudenz – Anmerkungen zum Berufsbild des Dichterjuristen, DRiZ 1985, 18; Grünauer, Richter und Dichter, Der Rotarier 37 (1987) 281; Rosendorfer, Leben und Werk von drei Dichterjuristen, NJW 1983, 1159; ders., Lebrecht Drevers, Rechtshistorisches Journal 2 (1984) 199; Schmitz-Schollmann, Weltenbummler, Dadaist und Doktor beider Rechte – Walter Gerner zum 100. Geburtstag, NJW 1989, 356; Hachling von Larnenauer, Dichterjurist Scheffel, Karlsruhe 1988; Erdmann-Degenhard, Zwischen Dannebrog und Preußenadler – der schleswig-holsteinische Jurist Theodor Storm, NJW 1989, 337; Lichtenthaler, Balsac als Jurist, NJW 1989, 349; ders., Balsac als Jurist, Bonn 1988, Bespr. von Peter Schneider, NJW 1989, 376

[79] Schnur, Moderner Staat (oben A. 73) 878

[80] Autor und Autorschaft, Stuttgart 1984, S. 102

3. *Orestie*

a. Thema

Es erstaunt nicht, daß das Werden des europäischen Rechts sich immer wieder in großer Literatur spiegelt.[81] Ich nenne zuerst die Orestie von Aischylos, die 458 vor Christus in Griechenland entstand:[82] Orest tötet seine Mutter Klytämnestra, weil sie ihren Ehemann Agamemnon, seinen Vater, ermorden ließ. Deshalb wird Orest von den Rachegöttinnen, den Erinnyen, verfolgt, die indes den Mord an dem Vater ungeahndet ließen, d. h. die Mutter nicht verfolgten.

Orest fragt die Chorführerin der Erinnyen:

> „Warum, da sie [die Mutter] noch lebte, hetztest du sie nicht?"
> Chorführerin: „Sie war dem Mann, den sie erschlug, nicht blutsverwandt."
> Orest: „Doch ich mit meiner Mutter wäre gleichen Bluts?"
> Chorführerin: „Hat, Mordbefleckter, unterm Gürtel sie dich nicht getragen? Der Mutter teures Blut verleugnest du?"

Ich lasse dahingestellt, ob die Orestie Geschichte schildert, lasse daher die Entscheidung für oder gegen Bachofen offen,[83] wenngleich das *Löwinnen*-Tor in Mykene in eine bestimmte Richtung weisen mag. Man muß wohl auch Hesiods Prometheus-Gedicht aus seiner Theogonie (Vers 591–599) einbeziehen.

b. Frauenrecht/Männerrecht

Uns Juristen fasziniert jedenfalls bis in die Gegenwart[84] der zumindest geistige Konflikt zwischen Frauenrecht und Männerrecht,[85] wie wir ihn heute mit umge-

[81] Vgl. Schönert, Die Begleitstimme der „schönen Literatur" zur Strafrechtsentwicklung, Jus Commune, Studien zur Europäischen Rechtsgeschichte, Bd. 30, Frankfurt 1987, S. 211; Meyer-Krentler, „Die verkaufte Braut". Juristische und literarische Wirklichkeitssicht im 18. und frühen 19. Jahrhundert, in: Lessing Yearbook 16 (1984) 95

[82] Dazu Georg Thomson, Aischylos und Athen, Berlin 1957, S. 303; Von Ranke-Graves, Griechische Mythologie, Bd. 2, Reinbek 1960, S. 58; Georg Jellinek, Der Kampf des alten mit dem neuen Recht, Heidelberg 1907, S. 11; Veyne, Glaubten die Griechen an ihre Mythen?, Frankfurt/M. 1987

[83] Bachofen, Das Mutterrecht, 2. Aufl., Basel 1897, S. 44, 50; Uwe Wesel, Der Mythos vom Matriarchat, Frankfurt 1980; Merkelbach, Johann Jakob Bachofen und das Mutterrecht, Antaios 11 (1968) 250

[84] Bueckling, Vergessene Rechtstheorien: Die Orestie, NJW 1988, 308

[85] Bornemann, Recht und Sexualität im griechischen Mythos, in: Erich Lessing, Die griechischen Sagen, München 1982, S. 230, 239; ders., Das Patriarchat, Frankfurt/M. 1975. Vgl. Kleist, Penthesilea, 24. Auftritt, Vers 3014

kehrtem Ziel erleben (Beispiele etwa: „Streit – Feministische Rechtszeitschrift"; Familienname; die Überwindung nur männlicher Sprachformen durch eine „inklusive Sprache"). Männersicht und Frauensicht des Rechts – ein altes, immer neues Thema.[86] Josef Kohler faßt die Orestie so zusammen:

> „Orestes respektiert die uralte Pflicht der Blutrache, aber er stößt dabei das Mutterrecht zu Boden, indem er das Vaterrecht und damit die Pflicht zum Vater auf seinen Schild hebt."[87]

Der Kampf geht auch um die Frage: Wessen Tod ist bedeutsamer? Der der Frau oder der des Mannes? Sollen Männer im Krieg zuerst sterben (vgl. Art. 12 a Abs. 1 S. 2 GG), sollen sie gefährliche Berufe ausüben? Dahinter steht die Frage: Ist das Kind mit der Mutter oder mit dem Vater enger verbunden? Die Sicht der Geschlechter und ihrer Stellung zueinander ist konstitutiv für Rechtsordnungen. Daran knüpfen sich viele Rechtsfolgen, z. B. Kindessorge (und damit Altersbetreuung) und Erbrecht.[88]

Die Antwort des Gottes Apoll überrascht:

> „Die Mutter bringt, was uns ihr Kind heißt, nicht hervor,
> Sie ist nur frisch gesäten Keimes Nährerin.
> Der sie befruchtet, zeugt. Sie, wie der Wirt den Gast,
> Beschützt, sofern kein Gott es schädigt, nur das Gut."

Und:

> „Es gibt auch ohne Mutter Vaterschaft."

Der Gegensatz zum Mythos der Jungfrauengeburt kann schroffer nicht sein!

Die Göttin Athene, die Tocher *nur* des Zeus (sie entsprang dem Haupte des Zeus), bestätigt:

> „Weiß ich von keiner Mutter doch, die mich gebar.
> Dem Männlichen gehört mein ganzes Wesen an –
> Nur nicht der Ehe.
> Meines Vaters Kind bin ich.
> So fällt für mich nicht schwerer ins Gewicht der Tod
> der Frau, die ihren Mann erschlug, des Hauses Haupt."

[86] Gilligan, Carol, Die andere Stimme (In a Different Voice), Lebenskonflikt und Moral der Frau, München u. a. 1984; Otto Weininger, Geschlecht und Charakter, Wien 1903; Toufexis, Now for a Woman's Point of View, Time International 1989 Nr. 16, S. 38; Gen. 3, 6

[87] Kohler, Shakespeare vor dem Forum der Jurisprudenz, 2. Aufl., Berlin/Leipzig 1919; zu Kohler: Spendel, Josef Kohler, Heidelberg 1983

[88] Vgl. BGH JZ 1986, 1008 mit Anm. Ramm

Sie sehen, daß Recht und Sprache nur bedingt mit Wirklichkeit, aber viel mit Macht zu tun haben: Wer kann seine Sicht der Welt durchsetzen, wer kann seine Sprachbrille anderen (heimlich) aufzwingen? (Daher die Nähe des Rechts zur Rhetorik).

Zugleich begegnen wir in der Orestie dem „Sieg eines neuen Rechts" noch in anderer Hinsicht: Über die Tat des Orest wird „abgestimmt", wird durch ein Verfahren entschieden.[89]

c. Parallelen

Für die in der Orestie anbrechende Verbindung zwischen Dichtung im Recht und Recht in der Dichtung lassen sich viele andere Beispiele anführen. Ich erwähne für Griechenland noch die „Antigone" von Sophokles, die uns den immer neuen Kampf zwischen geschriebenem und ungeschriebenem Recht zeigt.[90]

Übrigens sind uns die in der Orestie benutzten Bilder nicht fremd. Das Credo der Messe spricht von Jesus Christus als „eines Wesens mit dem Vater", aber auch als „geboren von der Jungfrau Maria". Wir sagen „ganz der Vater" oder „ganz die Mutter": uralte Sprachmuster und Vorstellungen! Dieser Zuordnung zu einem Elternteil entsprechen der frühere § 1589 Abs. 2 BGB: „Ein uneheliches Kind und dessen Vater gelten nicht als verwandt" und Art. 340 Code Civil a. F.: „La recherche de la paternité est inderdite" (Der Kaiser braucht Soldaten!).

4. Muspilli

Ähnliche Verbindungen zwischen Recht und Literatur begegnen uns in unserem Kulturbereich, so im „Muspilli", einem Bairischen Stabreimgedicht aus dem 9. Jahrhundert n. Chr.[91] Recht und Richten sind darin das Thema: Es geht um den Zusammenprall germanischer und christlicher Rechtsauffassungen, um das Gottesurteil, das jetzt als Mittel der Wahrheitsfindung abgelehnt wird. Von Gott läßt sich kein Wahrspruch erzwingen, Eideshilfe durch Verwandte kann nicht die Wahrheit erweisen.

[89] Christian Meier, Die politische Kunst der griechischen Tragödie, München 1988

[90] Hirzel, Agrophos Nomos, Leipzig 1900

[91] Reiffenstein, Rechtsfragen in der deutschen Dichtung des Mittelalters, Salzburger Univesitätsreden, Heft 12, Salzburg u. a. 1966; Schützeichel, Zum Muspilli, FS Reiffenstein, Göppingen 1988, S. 15. Zum Rechtsproblem des Zweikampfes im Hildebrandslied Schützeichel, Hildebrandslied, in: ders. Textgebundenheit, Tübingen 1981, S. 1, 12.

5. *Tristan*

Dieses Thema findet sich auch im „Tristan" des Gottfried von Straßburg zu Beginn des 13. Jahrhunderts: Isolde will ihr Verhältnis zu Tristan vertuschen – was ihr gelingt; sie besteht das Gottesurteil.[92] Der Dichter bemerkt dazu:

„Da wurde offenkundig
und der Welt bewiesen,
daß der allmächtige Christus
nachgiebig wie ein Mantel im Wind ist.
Er schmiegt und paßt sich an,
wenn man ihn richtig zu bitten versteht,
so fügsam und gut,
wie er es mit allem Recht soll.
Jedem dient er mit Aufrichtigkeit und mit Betrug.
Ob ernst oder im Spaß,
immer ist er so, wie man ihn sich wünscht.
Das wurde offensichtlich
bei der geschickten Königin.
Sie wurde gerettet durch ihren Betrug
und ihren gefälschten Schwur,
den Sie Gott leistete,
damit sie ihr Ansehen zurückgewinne."[93]

6. *Der Kaufmann von Venedig*

a. Juristenstreit

In diese Reihe gehört wohl auch Shakespeares „Der Kaufmann von Venedig", der berühmte Juristen zu ganz gegensätzlichen Stellungnahmen herausforderte. Bekannt ist der bittere Streit zwischen Rudolf von Ihering („Der Kampf um's Recht")[94] und Joseph Kohler („Shakespeare vor dem Forum der Jurisprudenz"[95]). Von Ihering stellt sich auf die Seite Shylocks:

[92] Vgl. Bürge, Realität und Rationalität der Feuerprobe, Zeitschr. Savigny Stift., Germ. Abt. 100 (1983) 257

[93] Übersetzung von Rüdiger Krohn, Reclam, 2. Auflage, Stuttgart 1981, V. 15733–15750. Vgl. Fehr, Die Gottesurteile in der deutschen Dichtung. Fs. Kisch, Stuttgart 1955, S. 271

[94] In: Der Geist des Rechts (Buchwald, Hrsg.), Bremen 1965. Zu Shakespeare auch Erbe, Von der angeblichen Unverbindlichkeit der Jurisprudenz, in: Universität Tübingen, Bd. 39, Tübingen 1948, S. 25

[95] Würzburg 1883

Es sei „ein elender Winkelzug, ein kläglicher Rabulistenkniff, dem Manne, dem er [der Richter] bereits das Recht zugesprochen hatte, vom lebenden Körper ein Pfund Fleisch auszuschneiden, das damit notwendig verbundene Vergießen des Blutes zu versagen".[96]

Kohler sieht das anders. Er nimmt Partei für Porzia:

„Es ist der Sieg des geläuterten Rechtsbewußtseins über die finstere Nacht, welche auf dem seitherigen Rechtszustande lastete; es ist der Sieg, der sich hinter Scheingründen versteckt, der die Larve falscher Motivierung annimmt, weil sie notwendig ist; aber es ist ein Sieg, ein großer, ein gewaltiger Sieg: ein Sieg nicht etwa bloß in dem einzelnen Prozeß, es ist ein Sieg in der Rechtsgeschichte überhaupt."[97]

Von Ihering erwiderte schäumend, er wolle nicht verantworten,

„die rechtsbeflissene Jugend zu der Porzia in die Schule zu schicken, bei der das neue Evangelium des Rechts zu holen ist".[98]

b. Equity v. Common Law

Von Ihering und Kohler kannten wohl nicht die Zeit Shakespeares. Folgt man Keeton[99] und Andrews,[100] so könnte sich erweisen, daß Shakespeare komödiantisch (?) Stellung nimmt zum Verhältnis von *Common Law* und *Equity* – zu einem Streit, der damals in England die Gemüter bewegte und der 1616 im Sinne der Equity (also im Sinne Shakespeares) entschieden wurde. Andrews schildert die Sache so:

„He [Shakespeare] was holding up a mirror for all to see the dramatic climax of an age-old conflict between the common law courts which dispensed unmitigated ‚justice' by the strict letter of the law and the courts of chancery where ‚mercy reasons justice' to do equity."[101]

[96] Ihering (oben A. 94) S. 235. Das entspricht dem Römischen Zwölf-Tafel-Gesetz. Tabula III: „Tertiis mundinis in partis secanto. Si plus minusque secuerint, se [sine] fraude esto."

[97] Kohler (oben A. 95) S. 90

[98] Ihering (oben A. 94). Kohlers Antwort in „Nachwort zu Shakespeare vor dem Forum der Jurisprudenz", Würzburg 1884

[99] George Williams Keeton, Shakespeare and his Legal Problems, London 1930, S. 10, 18 f.; ausführlich ders., Shakespeare's Legal and Political Background, London 1967, S. 132, 137, 144

[100] Mark Edwin Andrews, Law versus Equity, in: The Merchant of Venice, Boulder, Col. 1965

[101] A. o. O. S. XI

Etwa achtzehn Jahre später (1615) kam ein Streit über eine Schuldurkunde vor die Gerichte: In Glanville v. Courtney gab der Lord Chief Justice Coke der Klage statt; Lord Ellesmore, der Lord Chancellor, verbot jedoch, das Urteil zu vollstrecken. König James I. berief darauf eine Kommission unter der Leitung von Francis Bacon, dem Attorney General; sie sollte untersuchen, ob der Chancellor nach *Equity* verbieten könne, die *Common-Law*-Urteile zu vollstrecken. Die Kommission bejahte das; 1616 entschied darauf der König zugunsten der Chancery und damit für die *Equity*.[102] Sect. 25 des Judicature Acts von 1873 bestätigte das:

> „Generally in all matters not herin before particularly mentioned, in which there is any conflict or varience between the rules of Equity and the rules of Common Law with reference to the same matter, then the rules of Equity shall prevail."

Kann man in dem Zusammenhang auch nennen von Spees „Cautio Criminalis", Beecher-Stowes „Onkel Toms Hütte", Zolas „J'accuse"?

7. *Selbstgefühl*

Diese literarische Tradition hebt das Selbstgefühl der Juristen. Wiederum Josef Kohler:

> „Jedenfalls darf die Jurisprudenz ihre Fahne hochhalten, wenn in den zwei großartigsten dramatischen Schöpfungen des Alterthums und der Neuzeit, in der Orestie, wie im Hamlet der dramatische Conflikt ein rechtlicher, und die That des Helden eine That des Rechtsfortschrittes ist."[103]

8. *Weitere Beispiele*

Die Tradition hat sich fortgesetzt.[104] In Scherz und Ernst stoßen wir auf die Verknüpfung von Recht und Dichtung.[105] Justus Möser reimte 1748 zur Jahrhundertfeier des Westfälischen Friedens:

[102] A.o.O. S. XII

[103] Kohler (oben A. 95) S. 232

[104] Wagner, Das Verbrechen bei Dostojewskij, Göttingen 1966; Moldheim, Der Justizirrtum als literarische Problematik, Berlin 1988; H. P. Westermann, Zivilrechtliche Aspekte von Operntexten, Herne/Berlin 1988; Jörg-Michael Günther, Der Fall Max & Moritz, Frankfurt/M. 1988

[105] Von Künßberg, Rechtsverse, Neue Heidelberger Jahrbücher, N. F. 1933, S. 89, Bärbel Baum, Der Stabreim im Recht, Frankfurt/M. u. a. 1986; Köbler, Von dem Stabreim im deutschen Recht, FS Thieme, Sigmaringen 1986, S. 21

„O Tag! O größter aller Tage!
Du schufst die Gleichheit jener Waage,
die Reiche gegen Reiche wiegt.“[106]

Der Jurist Ernst von Wildenbruch feierte das Bürgerliche Gesetzbuch so:

„Nun wandelt durch das deutsche Vaterland
Gerechtigkeit im heimischen Gewand.
Sie spricht, und jedem Ohre klingt's vertraut,
Denn in der Muttersprache tönt ihr Laut.
Aus ihres Volkes tiefstem Seelenschatz,
Schöpft sie ihr Wort, Wahrspruch und Rechtes Satz.“[107]

In unserer Zeit wirkt Dichtung bei Rechtsaussagen eher - nicht immer - als Kuriosität. Wir kennen den „Code Napoleon en Vers Francais“ (Decomberousse 1811), das „Römisch-Juristische Gesangbuch“ (1824), den „Civil-Prozeß in Reimen“ (von Seckendorff 1867), „Das neue Deutsche Bürgerliche Recht in Sprüchen“ (Cohn 1886)[108] und den „Grundriß des BGB in Versen und Reimen“ (Erdel 1926).[109] Aus dem Werk von Cohn ein Zitat zu § 855 BGB (Besitzdiener):

„Der Träger schwitzt,
Der Herr besitzt.“

Selbst das Strafgesetzbuch gibt es in Versen. Eine Kostprobe daraus zu § 242 StGB (Diebstahl):

„Wer eine fremde Sache nimmt,
Und sich zu Eigentum bestimmt,
Erhält Gefangenschaft zum Lohn,
Auch der Versuch ist strafbar schon.“

Marschall von Biebersteins Buch „Vom Kampf des Rechtes gegen die Gesetze“[110] ist in gebundenen Versen verfaßt. Das Motto:

„Nicht aus den Paragraphen fließt des Rechtes Norm,
Das Recht, das lebt und gilt, bau' sich Gesetzesform.“

[106] Zit. nach Repgen, Der Westfälische Friede und die Ursprünge des europäischen Gleichgewichts, in: Jahres- und Tagungsbericht der Görres-Gesellschaft, 1985, S. 51
[107] Aus Haft, Aus der Waagschale der Justitia, München 1988, S. 108
[108] Nachweise bei Pitlo, Der Floh im Recht, Baden-Baden 1982. Vgl. Beaumont, Gesetz und Recht in Vers und Reim, NJW 1989, 372
[109] Ladenburg 1926
[110] Stuttgart 1927

Der Hauptteil klingt so aus:

„Fest glaube ich an solchen Sieg des Rechts.
Und ob die Welt voll von Gesetzen wär' –
trotz ihnen soll dem Rechte es gelingen!
Kein Fortschritt ward noch ohne Kampf geboren!
Auch Rechtentwicklung will erstritten sein.
Mag auch noch schweres vor uns stehen, –
Wir weichen nicht: Denn Recht muß doch Recht bleiben!"[111]

Eine dichterische Aussage zum Rechtsstaat lautet:

„Ein Herrscher dieser Welt, der alles wohl bedacht,
gibt seinem Volk das Recht
und nimmt sich selbst die Macht." (Hartleben)

Von dem Berliner Kammergerichtsrat Merckel[112] stammt 1848 aber auch der Reim:

„Gegen Demokraten
Helfen nur Soldaten!"

Natürlich erfüllt es uns Juristen mit Genugtuung, daß der Name einer literarischen Kunstform dem Juristischen entlehnt ist: Die Novelle (der Corpus Juris Justinians von 534 wurde durch „leges novellae" fortgeführt).

Gelegentlich werden Urteile in Versen abgefaßt. Das OLG Karlsruhe erkannte, es gereiche dem Untergericht zur Ehre, sich zur Poesie bekannt zu haben; es sei grundsätzlich nicht zu beanstanden, wenn eine gerichtliche Entscheidung in Versen abgefaßt sei.[113] Gleiches gilt für eine Mahnung.[114] Das mag man kritisieren;[115] aber der Humor hat im Recht auch sein Recht[116] – es kommt auf die Umstände an. In Münster erschien 1988 eine Dissertation: „Recht und Drama – Analyse und Strukturvergleich".[117]

111 A.o.O. S. 161

112 Dazu Gotthard Erler (Hrsg.), Die Fontanes und die Merckels, Berlin 1987

113 NJW 1989, 373; vgl. NJW 1986, 1266

114 LG Frankfurt, NJW 1982, 650

115 Putzo, Anmerkung zum Urteil des AG München vom 11. 11. 1986, NJW 1987, 1426

116 O. v. Gierke, Der Humor im deutschen Recht, 2. Auflage, Berlin 1886; zu v. Gierke, Karsten Schmidt, Einhundert Jahre Verbandtheorie im Privatrecht. Aktuelle Betrachtungen zur Wirkungsgeschichte von Otto v. Gierkes Genossenschaftstheorie, Hamburg/Göttingen 1987; siehe auch NJW 1982, 650 Anm. der Schriftleitung; Junker, Gartenzwerge und Artenschutz, JZ 1988, 1012; Pitlo, De Lach in het Recht, Haarlem 1963

117 Amely-Pauleikhoff, Diss. Münster 1988; vgl. Ball, The Play's the Thing, Stanf. L. Rev. 28 (1975) 81

9. *Goethe*

Kronzeuge für die Nähe von Dichtung und Recht ist Goethe, für den Jurisprudenz und Dichtung gleichermaßen zentrale Lebenskräft waren.[118] Am Beginn seiner Laufbahn stehen zwei „juristische" Stücke: Das Gedicht „Sah ein Knab' ein Röslein stehn", das nur leicht verhüllt einen Gewaltakt schildert („Half ihm doch kein Weh und Ach,/Mußt es eben leiden") und die Gretchentragödie im „Faust", das Drama von Kindestötung und Strafe.[119] Goethe sagte am Ende seines Studiums:

> „Die Jurisprudenz fängt an, mir sehr zu gefallen. So ist es doch mit allem wie mit dem Merseburger Bier. Das erste Mal schaudert man und hat man's eine Woche getrunken, so kann man es nicht mehr lassen."

1809 – mit 60 Jahren – bekannte er:

> „Im Grunde bin ich von Jugend her der Rechtsgelehrtheit näher verwandt als der Farbenlehre,"[120]

(die er doch für seine Hauptleistung hielt – und die es vielleicht war).

VII. Was bleibt uns Juristen?

Wir Juristen, die wir so mit und in der Sprache leben, an sie gekettet sind, was machen wir aber mit der Sprache, die „Delphi" ist? Wir brauchen klare Begriffe, brauchen sie so dringend wie das tägliche Brot. Nur wer klare Begriffe hat, kann befehlen (Goethe), kann ordnen. Für die normalen Tagesgeschäfte im Rahmen der Konvention mögen wir einigermaßen zurechtkommen, aber sonst? Liegt unsere Trefferquote über 50%? Erreichen wir mehr als einen zufälligen Fehlerausgleich? Montaigne klagte:

> „Was haben unsere Gesetzgeber gewonnen, wenn sie hunderttausend besondere Fälle und Taten herausgreifen und hunderttausend Gesetze dafür geschaffen haben? Diese Zahl steht in keinem Verhältnis zu der unendlichen Mannigfaltigkeit des menschlichen Tuns. So viel wir uns auch ausdenken mögen, es

[118] Lenhoff, Goethe as Lawyer and Statesman, Washington University Law Quarterly 1951, S. 151; Von Mackensen, Goethe und die Rechtssprache, Deutsche Vierteljahresschrift für Literaturwissenschaft und Geistesgeschichte 1 (1923) 453; Radbruch, Il diritto nella visione goethiana del mondo, Rivista internazionale di filosofia del diritto, Bd. 140, 202; Meyer-Krentler, Willkommen und Abschied. Herzschlag und Peitschenhieb, München 1987

[119] Wieruszowski, Goethe und die Todesstrafe, JW 1932, 842

[120] Zit. nach Hülle, Versuch einer Annäherung an Goethe als Jurist, DRiZ 1982, S. 82

wird nie an die Vielfalt der Erscheinungen heranreichen. Fügt noch hundertmal soviel hinzu: es wird unter den künftigen Vorkommnissen doch nicht auch nur eines eintreten, das mit einem einzigen unter den Vieltausenden herausgegriffener und vorgemerkter Fälle zusammentrifft und so füglich und genau mit ihm übereinstimmt, daß nicht irgendein Umstand, irgendeine Abweichung übrigbliebe, die eine abweichende Urteilserwägung verlangte. Es besteht wenig Beziehung zwischen unserem Handeln, das im unaufhörlichen Wechsel begriffen ist, und den starren und unbeweglichen Gesetzen."[121]

Die Sprache des Rechts muß einerseits bestimmt sein, um verbindlich zu wirken, zugleich muß sie offen sein für eine Anpassung an sich wandelnde Verhältnisse.[122] Die Zeit verschärft so das Problem der Sprache noch einmal, hebt es in eine weitere Dismension:[123] Sprache gestern und Sprache heute – das ist ein großer Unterschied.[124] Vieles läßt sich nicht genau sagen;[125] wir kommen an die Grenze der Sprache.

1. Sprache als Schicksal

Die Sprache lehrt uns das Fürchten, namentlich bei den großen Fragen. Der amerikanische Jurist Holmes (Sohn eines bedeutenden Dichters) seufzte:

> „That ideas are not difficult, that the trouble is in the words in wich they are expressed."[126]

Nehmen wir als Beispiel die Stichwörter „Besteuerung nach der Leistungsfähigkeit" (wer glaubt daran bei kinderreichen Familien?), „Generationenvertrag" (wer glaubt daran angesichts der Verweigerung unserer Generation dem Kinde gegenüber? Viele Kinder, eine Rente; keine Kinder, zwei Renten – gleiches gilt für Pensionen), „Leistungsprinzip" (Erbrecht?), „Planwirtschaft" (ein Chaos?), „Gemeinnützigkeit" (à la Neue Heimat?). Begriffe, Namen führen uns immer wieder in die Irre.

[121] Essais, 3. Buch, Kap. XIII, Von der Erfahrung

[122] Kirchhof, Die Bestimmtheit und Offenheit der Rechtssprache, Berlin u. a. 1987. Vgl. Christensen, Der Richter als Mund des sprechenden Textes, in: Friedrich Müller (Hrsg.), Untersuchungen zur Rechtslinguistik, Berlin 1989, S. 47

[123] Großfeld/Wessels, Zeit, ZVglRW (1990) erscheint demnächst; Dürig, Zeit und Rechtsgleichheit, Festschrift Tübinger Juristen, Fakultät Tübingen 1977, S. 21; Keith Thomas, Vergangenheit, Zukunft, Lebensalter, Berlin 1988; Kirchhof, Verwalten in der Zeit, Hamburg 1975

[124] Philipp Heck, Übersetzungsprobleme im frühen Mittelalter, Tübingen 1931

[125] Vgl. Musil, Die Verwirrungen des Zöglings Törleß, 2. Aufl., Reinbeck 1977, S. 18, 25

[126] The Letters of Holmes and Wu, Univ. Mich. Law School, Law Quadrangle Notes 31 (1987) Nr. 3, S. 14, 15

Die Sprache: Wir benötigen sie, aber sie ist zugleich der gefährlichste Feind der Jurisprudenz; sie ist „ungetreuer Knecht und heimlicher Herr des Denkens" (Kantorowicz). Das ist sie zwar überall, aber im Recht besonders; denn hier steht sie häufig „im Dienste nicht der Wahrheit, sondern des Interesses" (Kantorowicz): „Hinter Ansichten stecken Absichten" (Hans Peter Kohler). Die Zunge ist daher eine ganze Welt der Ungerechtigkeit (Jakobus):

„Die Zung zum Rechtsprechen man braucht,
was grade war, hat sie verstaucht."
(Sebastian Brant)

Wir müssen auf der Hut sein! Ein alter Anwalt sagte mir einmal (vielleicht resignierend-ironisch): Im Prozeß komme es nicht an auf Recht oder Unrecht, sondern auf Behaupten und Bestreiten – also auf Wörter! Worte, Worte, Worte?

2. *Wortgefechte*

Das Gesagte mag überspitzt sein – aber es bleibt ein Korn Wahrheit. Nehmen wir als Beispiel die Arzthaftung, die zu einem Wortgefecht wird – über Einverständniserklärung, Aufklärungsgespräch und Wortdokumentation; Wörter werden zu einer haftungshindernden Sprachmauer aufgetürmt. Gleiches sollen Allgemeine Geschäftsbedingungen erreichen. Juristen arbeiten mit Texten und schreiten von Texterkenntnis zu Rechtserkenntnis (Kupisch). Sie sind „buchstabengläubig" und wissen doch um das „Lügen wie gedruckt":

„Im Auslegen seid frisch und munter!
Legt ihrs nicht aus, so legt was unter." (Goethe)

Und noch einmal Goethe:

„Mit Worten läßt sich trefflich streiten,
Mit Worten ein System bereiten,
An Worte läßt sich trefflich glauben,
Von einem Wort läßt sich kein Jota rauben."

Glauben wir einfach so an Wörter? Vielleicht in der Tradition unserer Kultur, die das Transzendente als göttliche Person auffaßt, welche sich dem Menschen offenbart, einer Religion also, bei der das Wort zentral ist, bei der der Glaube vom Hören kommt (*fides ex auditu:* Paulus)?

Wir wissen alle, wie beliebig, ja wie falsch Wörter sein können. Aus „Giftmüll" wird „Entsorgung", aus der „Mauer" in Berlin wird die „Friedensgrenze", aus dem „Todesschuß“ der „finale Rettungsschuß“. Der Rechtsschutz der ungeborenen Kinder hängt davon ab, ob wir den menschlichen Embryo als „werdendes Leben“ oder als „menschliches Leben“ bezeichnen.[127] In amerikanischen Visaanträgen in Deutschland wird nicht gefragt nach „Hautfarbe“, sondern nach „Teint“; „schwarz“ oder „weiß“ gibt es nicht, es gibt nur „hell“ oder „dunkel“.

Lewis Carrol erzählt in „Alice hinter dem Spiegel“:

> „Ich verstehe nicht, was sie mit ‚Glocke‘ meinen“, sagte Alice. Goggelmoggel lächelte verächtlich. „Wie solltest du auch – ich muß es dir doch zuerst sagen. Ich meinte: ‚Wenn das kein einmalig schlagender Beweis ist!‘“
> „Aber Glocke heißt doch gar nicht ein ‚einmalig schlagender Beweis‘“, wandte Alice ein. „Wenn ich ein Wort gebrauche“, sagte Goggelmoggel in recht hochmütigem Ton, „dann heißt es genau, was ich für richtig halte – nicht mehr und nicht weniger.“ „Es fragt sich nur“, sagte Alice, „ob man Wörter einfach etwas anderes heißen lassen kann.“ „Es fragt sich nur“, sagte Goggelmoggel, „wer der Stärkere ist, weiter nichts.“[128]

Im politischen Kampf werden Begriffe besetzt („Sprache als Waffe“); durch Sprachbilder formen sich „Wirklichkeiten“, die nicht „wirklich“ sind, aber doch „wirken“.[129] Es müssen nicht immer Schimpfwörter sein: „Verteidigungsministerium“ oder „Kriegsministerium“, „Verfassungstreue“ oder „Berufsverbot“ – das sind mehr als Namen! „Sprache ist Delphi“ sagte Novalis; als Jurist mußte er das wissen.

3. *Kritik an Juristen*

Gerade die Sprache mindert das Ansehen der Juristen. Als der spanische König Ferdinand Aussiedler in die neuentdeckte Karibik sandte, soll er – nach Montaigne – angeordnet haben, daß kein Jurist mitgehen dürfe,

> „damit nicht auch in dieser neuen Welt die Rechtshändel um sich griffen, da diese Wissenschaft ihrem Wesen gemäß eine Mutter des Zanks und der Zwietracht ist“.[130]

[127] Vgl. den suggestiven Titel bei Binding/Hoche (Hrsg.), Die Freigabe der Vernichtung lebensunwerten Lebens, Leipzig 1920

[128] Vgl. Lord Atkins in Liveridge v. Anderson, 1942 Appeal Cases 206, 245

[129] Kirchhof, Rechtsänderung durch geplanten Sprachgebrauch, Gedächtnisschrift Friedrich Klein, München 1977, S. 227

[130] Montaigne, Essais, 3. Buch, Kap. XIII, Von der Erfahrung

Einem Lande sei mit Rechtsanwälten und Ärzten „übel gedient“. Das wirkt zeitlos! „Das Unrecht triumphiert, sobald die Gerechtigkeit ihren Lauf nimmt“[131] – unangebrachter Sarkasmus?

Viele solcher Angriffe beschwören „die Wertlosigkeit der Jurisprudenz als Wissenschaft“ und den Satz „Drei berichtigende Worte des Gesetzgebers und ganze Bibliotheken werden zu Makulatur“.[132] Wir Juristen leiten diese Angriffe gegen uns oft auf die Sprache ab. In der Tat: Die Dissonanzen gehören zur Musik, schießen Sie nicht gleich auf die Pianisten. Ich plädiere nicht für ein „Erbarmen mit den Juristen!“, möchte aber doch die Anfechtungen unseres Faches schildern – und um Verständnis werben, damit Sie nicht in Shakespeares „let's kill all the lawyers“ einstimmen.

4. Skepsis

Juristen als große Sprachnutzer sind zugleich große Sprachskeptiker. Sie entfalten auch in anderen Gebieten die Skepsis gegenüber der Sprache. Das beginnt mit dem Religionsjuristen Paulus, nach dem der Buchstabe tötet[133] und setzt sich fort über den „Wortverkäufer“ Augustinus.[134] Beispielhaft ist der Araber Averroes (1126–1198), der Richter in Sevilla und Cordoba war; über ihn lernte das Abendland Aristoteles kennen und damit den Zweifel am Wort, an den Universalien. Averroes kritisierte das Modell des Ptolemäus; er mißtraute der Sprache, hier: der Sprache der Mathematik, und meinte:

> „Die Astronomie unserer Zeit bietet keine Wahrheit, sondern stimmt lediglich mit den Rechnungen überein und nicht mit dem, was dahinter steht.“[135]

Also Zweifel an der Wahrheit durch Sprache, und durch diesen Zweifel zu neuer Erkenntnis – der Weg zu Kopernikus öffnet sich.

Wie wir schon wissen, war Jurist auch Francis Bacon (1561–1626), der Philosoph des beginnenden naturwissenschaftlichen Denkens.[136] Er wandte sich gegen die Versuchung, Wissenschaften nach Sprachmustern aufzubauen (linguamorphe Ideologien): Die menschliche Vorstellung solle nicht „Schuldknecht der Wörter“

131 Martin Kessel, Gegengabe, Darmstadt 1960, S. 130
132 Kirchmann, Die Wertlosigkeit der Jurisprudenz als Wissenschaft, Berlin 1884, S. 17
133 Korinther 3, 6
134 Bekenntnisse, 9. Buch, 5. Kap.
135 Gingerich, Die islamische Periode der Astromie, Spektrum der Wissenschaft 1986, S. 100, 108
136 Brian Vickers, Francis Bacon, Berlin 1988, Shapiro, Probability and Certainty in Seventeenth-Century England, Princeton 1983, S. 232

bleiben. Von der Wortkultur zur Sachkultur! Daher drängte er auf Erkenntnis durch das Experiment – nach dem Muster der Beweiserhebung im Zivilprozeß:

> „Ich habe im Sinn, (gemäß der Praxis im Zivilprozeß) in dieser großen Einrede oder Klage ... die Natur selbst und die Künste nach einer Beweiserhebung zu examinieren."[137]

Hinzuweisen ist ferner auf Fritz Mauthner, den Begründer der modernen Sprachkritik;[138] Hugo von Hofmannsthal („Ein Brief" [des Lord Chandos an Francis Bacon]) und Karl Kraus („Die Fackel") dürfen wir ebenfalls dazuzählen. Merkwürdig: Immer wieder Juristen!

Darum ringen Juristen um die Sprache, bemühen sich einige um „Sprachplanung", um von dort zu einer „Plansprache" zu gelangen.[139] Andere Juristen setzen ihre Hoffnung auf die Sprache des Rechners, eine Hoffnung, die uns bisher getäuscht hat – und weiter täuschen wird.[140]

Manchmal resignieren wir. Johann Peter Hebel erzählt in den „Geschichten des rheinischen Hausfreundes" von einem Richter („Willige Rechtspflege"), der eine Partei anhört und dann sagt: „Ihr habt recht"; danach hört er die andere Partei und sagt: „Ihr habt vollkommen recht." Der Amtsdiener moniert, daß nicht beide Parteien recht haben könnten. Darauf der Richter: „So klar war die Sache noch nie. Du hast auch recht."

Der Jurist Herbert Rosendorfer schildert eine Begegnung mit jemandem, der mit einem Schiff immer herüber- und hinübersetzt, ohne das Schiff zu verlassen.[141] Der Jemand bezeichnet sich als „verrückt" und sucht den „wahren Satz". Den wahren Satz möchte Rosendorfer auch wissen und der Jemand verspricht einen Besuch, sobald er ihn gefunden habe. Der Schluß der Erzählung lautet:

[137] Krohn, Francis Bacon, in: Höffe (Hrsg.), Klassiker der Philosophie, Bd. 1, München 1981, S. 262, 271

[138] Mauthner, Beiträge zu einer Kritik der Sprache, 3 Bde., Frankfurt/M. u. a. 1901; ders., Die Herkunft des sprachkritischen Gedankens, Die Zukunft 47 (1904) 10. Vgl. Joachim Kühn, Gescheiterte Sprachkritik, Berlin u. a. 1975. Vgl. aus jüngster Zeit Václav Havel: Er spricht von der universell gültigen Erfahrung, „daß es sich immer auszahlt, den Worten gegenüber mißtrauisch zu sein und gut auf sie achtzugeben, und daß die Vorsicht hier nicht groß genug sein kann. Durch Mißtrauen gegenüber den Worten kann entschieden weniger verdorben werden als durch übertriebenes Vertrauen in sie" (Ein Wort über das Wort, FAZ v. 16. 10. 1989, Nr. 240, S. 13, 14

[139] Tamelo, Die Weiterplanung von Planungssprachen im Dienst des Rechts, in Noack/Jakob (Hrsg.), Auslegung - Einsicht - Entscheidung, Frankfurt/M. u. a. 1983, S. 13; Jakob, Jurist - Sprache - Rechtssprache, ebd. S. 25

[140] Großfeld, Computer und Recht, in: Großfeld/Salje (Hrsg.), Elektronische Medien im Recht, Köln u. a. 1986, S. 1; ders. Justitia und EDV, Perspektiven 1987, 38. Vgl. Gödel, Über formal unentscheidbare Principia Mathematica und verwandter Systeme, Monatsheft für Mathematik und Physik 38 (1931) 173

[141] Rosendorfer, Der wahre Satz, Süddeutsche Zeitung, 29./30./31. 3. 1986, Nr. 73, S. 101

„Bis heute ist er nicht gekommen. Vielleicht hat er den Satz noch nicht gefunden; vielleicht hat er auch nur meine Karte verloren."

Die Frage nach dem wahren Satz bleibt offen! Läßt er sich innerhalb des Systems „Rechtssprache" – in dem wir hinüber- und herübersetzen – überhaupt finden?

„Einen einzigen Satz haltbar zu machen,
auszuhalten in dem Bimbam von Worten."
(Ingeborg Bachmann)

Das könnte der Seufzer eines Juristen sein.

5. *Unberechenbare Sprache*

Selbst wenn wir den wahren Satz finden, ist der Fragen noch kein Ende. Denn wir Juristen wissen oft nicht, was wir mit der Sprache bewirken – mit der Sprache, die für Juristen so wichtig ist. Wir sind Sprecher („Mundwerker"), Schreiber und Besprecher. Aber: Sind wir Wortkünstler oder Wortklauber und Wortverdreher? Besprechen wir, beschreiben wir Probleme, lösen oder schaffen wir sie? Uns schreckt die Frage des Paulus: „Ist das Gesetz Sünde?";[142] wir fürchten seine Antwort: „Ohne Gesetz ist die Sünde tot".[143] Lesen Sie einmal *„nullum crimen sine lege"* wortwörtlich!

Auch diese Furcht verbindet uns mit den Dichtern. Hören wir Heinrich Böll:

„Wer mit Worten Umgang pflegt ..., wird, je länger er diesen Umgang pflegt, immer nachdenklicher, weil nichts ihn vor der Erkenntnis rettet, welche gespaltene Wesen Worte in unserer Welt sind. Kaum ausgesprochen oder hingeschrieben, verwandeln sie sich und laden dem, der sie aussprach oder schrieb, eine Verantwortung auf, deren volle Last er nur selten tragen kann."[144]

Sonderbar! Kommt durch das Gesetz Böses in die Welt? Ist das Gesetz ein „Fluch"?[145] Paulus sagt „ja" und denkt dabei an Selbstgerechtigkeit, an Sterilität und Verkrustung, an ein Zurückdrängen der Moral; wohl auch an die Normenflut,[146] den Fußnoten-Müll, die Zeichenlast. Doch wir sehen das ebenfalls: Ließ nicht das Verbot des Alkoholgenusses (die Prohibition) die Kriminalität in den USA emporschießen? „Schafft" nicht das Sozialrecht den Sozialbetrug, die Insider-

[142] Römer 7,7
[143] Römer 7,8
[144] Christ in der Gegenwart 41 (1983) 75
[145] Galather 3,13
[146] Vgl. Blasius, Finanzkontrolle und Gesetzgebung, DÖV 1989, 298, 300

regel den Insiderbetrug, das Gefängnis den Wiederholungstäter, § 218 StGB Abtreibungen? Der Evangelist Johannes erwähnt gar das Gesetz zum Tode: „Wir haben ein Gesetz, und nach diesem Gesetz muß er sterben."[147] Verbirgt sich das bei uns hinter dem Begriff „tapfer" i. S. d. § 7 SoldatenG oder der Pflicht, den Kameraden „in Not und Gefahr beizustehen" (§ 12 SoldatenG)? Füttern wir mit Verkehrsgesetzen den „Moloch" Verkehr (Mai 1986: 823 Tote, mehr als 50 000 Verletzte; von Igeln, Kaninchen und Rehen zu schweigen!)?[148] Gibt es bei uns ein Leben-, ein Menschenopfer kraft Gesetz?

Finden wir immer das rechte Wort zur rechten Zeit? Das heilende Wort? Das „Zauberwort"? Kann man das von der Normenflut noch sagen? Ein Beispiel aus den USA: Die Vorschriften über öffentliche Aufträge des Bundes umfassen dort 45 000 Seiten Verordnungen und 4000 verschiedene Gesetze. Bei uns ist es besser – viel besser? Auch uns beunruhigt die Normenflut, die Wörterflut:

„Das papierne Recht

Ihr findet kein Belieben
An dem papiernen Recht,
Denn manches steht geschrieben
Viel anders, als ihr sprecht.

Papier, wie alle wissen,
Ist nur ein dürres Laub,
Es wird vom Wind zerrissen,
Und ist des Funkens Raub.

Und doch könnt ihr's nicht zwingen,
Das lumpige Papier,
Ich glaub, es spricht von Dingen,
Die stärker sind denn ihr."
(Ludwig Uhland)

Wohl deshalb meinte Gustav Radbruch:

„Ein guter Jurist kann nur der werden, der mit einem schlechten Gewissen Jurist ist."[149]

[147] Johannes 19,7

[148] Vgl. Levitikus 18,21; 20,2; 2 Könige 23,10; Jeremias 32,35; Ezechiel 16,20–21; Wachinger, Der Moloch, Christ in der Gegenwart 38 (1986) 385

[149] Aphorismen zur Rechtsweisheit, Göttingen 1963, Nr. 511

6. *Grenzen der Juristen*

Vor solchen Gedanken kann man sehr klein werden, zumal wir Juristen wissen, daß wir nur die kleinen Fragen beantworten können. „Was wir besiegen, ist das Kleine" – Rilke hat das gesagt, wir Juristen könnten es sagen. Auf die Frage:

„Wer seid denn ihr, die ihr mit leerem Stolz
Durchs Recht Gewalt zu ändern euch bemüht?"

läßt Goethe den „Gerichtsrat" antworten:

„In abgeschloßnen Kreisen lenken wir,
Gesetzlich streng, das in der Mittelhöhe
Des Lebens wiederkehrend Schwebende.
Was droben sich in ungemeßnen Räumen
Gewaltig seltsam hin und her bewegt,
Belebt und tötet ohne Rast und Urteil,
Das wird nach anderm Maß, nach andrer Zahl
Vielleicht berechnet, bleibt uns rätselhaft"
(Die natürliche Tocher)

„Die Welt ist groß und unser Wort ist klein" (Zuckmayer). Zum Glück?

VIII. Chancen

Trotz gelegentlichen Kleinmuts: Wir geben die Sprache nicht auf – wir können es ja nicht. Günter Kunert schildert das in seinem Gedicht „Meine Sprache" so:

„Und hebe sie auf
Und nehme sie an mich: Die beste mir
Der nichts besseres hat
Und ein Vermögen dem der durch nichts sonst
Zu leben vermag
Als durch sie."[150]

Das ist weithin die Lage des Rechts, das ist das Schicksal der Juristen in unserer Kultur.

Aber dürfen wir uns so beruhigen wie die Dichter, Horst Bienek's Optimismus teilen, der in Wörtern „Fallschirme" sieht, die uns halten?

[150] Conrady (Hrsg.), Das große deutsche Gedichtsbuch, S. 1033

„Ich fürchte nicht die Tiefe
wer euch richtig
öffnet
schwebt"[151]

Wer kann die Wörter des Rechts richtig öffnen? Drängt sich immer wieder das falsche, das ungenaue Wort vor und bleibt

„das Innerste der Welt ... dunkel weiterhin"? (Günter Kunert)[152]

Ganz hilflos stehen wir der Sprache allerdings nicht gegenüber: Die Wirklichkeit bricht unter der Sprache durch. Goethe sah das dichterisch so:

„Wink

Und doch haben sie recht die ich schelte:
Denn daß ein Wort nicht einfach gelte
Das müßte sich wohl von selbst verstehn.
Das Wort ist ein Fächer! Zwischen den Stäben
Blicken ein Paar schöne Augen hervor.
Der Fächer ist nur ein lieblicher Flor,
Er verdeckt mir zwar das Gesicht,
Aber das Mädchen verbirgt er nicht,
Weil das Schönste was sie besitzt,
Das Auge, mir ins Auge blitzt."

Aus Sprachfeldern und Sprachzusammenhängen, aus der Zusammenschau können wir Wirklichkeit erspüren:

„Die übersichtliche Darstellung vermittelt das Verständnis, welches eben darin besteht, daß wir die ‚Zusammenhänge sehen'" (Wittgenstein).[153]

Denken in Zusammenhängen, das Komplizierte auf das Einfache zurückführen, sparsam und ehrfürchtig sein mit der Sprache: Das ist Jurisprudenz! Die wir dich sprechen in Gnaden, die wir dich schweigen in Ehrfurcht!

Wir stoßen auf ein Gebot sprachlicher Sparsamkeit, das von Ihering – wohl im Anschluß an Ockham – so formulierte:

[151] Aus: Hinck (Hrsg.) (oben A. 67) 212
[152] A. a. O. 219
[153] Zu Wittgenstein: Johannes Werner, Ein asketisches Leben, Stimmen der Zeit 201 (1983) 838; Schulte, Wittgenstein, Stuttgart 1989; Ricken, Sprache und Sprachlosigkeit, Stimmen der Zeit 207 (1989) 341; Janik/Toulmin, Wittgensteins Wien, München u. a. 1984

„Was die Jurisprudenz mit den gegebenen Mitteln und Begriffen zuwege bringen kann, dafür soll sie keine neuen schaffen."[154]

Das erfordert eine Fachsprache – die aber wiederum die Rechtsvermittlung erschwert. Jedenfalls müssen wir alle Ausdrücke meiden, die nur Vertrautheit mit der Jurisprudenz signalisieren sollen. Erforderlich ist eine disziplinierte Auslegungstechnik, eine gewisse Begriffsjurisprudenz. Eine Auslegungskonvention anhand von Präjudizien, ein traditioneller Sprachgebrauch und saubere Dogmatik sind unabdingbar. Diese „handwerklichen" Techniken sind sehr wichtig. Hier hat die juristische Ausbildung als „Sprachschule" ihren guten Sinn: Bindung an die Tradition, an Legaldefinitionen, an Sprachkonventionen!

Aber genügt die Konzentration auf die Sprache? Besteht dabei nicht die Gefahr, daß die Jurisprudenz „verwortet"? Können wir sie in Sprache aufgehen lassen? Sprachkunst allein bewirkt keine Gerechtigkeit, ebensowenig wie bloße Rhetorik zur Wirklichkeit führt (Platon, Gorgias).

IX. Erfassen der Wirklichkeit

Die angebliche Fixierung der Juristen auf das Wort umschreibt denn auch ihre Aufgabe nicht richtig: Suche nach Gerechtigkeit ist mehr als Sprachstudium. Hinzutreten muß das Erfassen der Wirklichkeit – jedenfalls das stete Bemühen darum.

Im Recht ist es allerdings mit der Wirklichkeit eine eigene Sache; denn die Wörter sind selbst Wirklichkeit, schaffen vielfach Wirklichkeit, z. B. Verträge und Ansprüche. Die Wirklichkeit des Juristen besteht oft aus Wörtern – und aus nichts anderem. Den Wörtern können wir auch sonst nicht entgehen; immer suchen wir Wirklichkeit *tamquam ex vinculis:* aus den Fesseln unserer Sprache. Ausbrechen aus den Wortzäunen (Wolfgang Bächler) können wir nicht ganz.

Doch müssen wir der Wirklichkeit in den Grenzen unserer kulturellen Wertungen und des kulturellen Verständnisses von Wirklichkeit (was wir erkennen *dürfen* oder *sollen*) so nahe wie möglich kommen! Denn sie ist der einzige Maßstab des Juristen; sie schiebt auf die Dauer alle Wörter beiseite. Daher können wir „unsere Kraft nicht gegen die Wahrheit einsetzen, sondern nur für die Wahrheit" (Paulus)[155], für „die Wahrheit der Dinge" (Augustinus). Galilei hält uns Juristen das über den aktuellen Anlaß hinaus vor:

[154] Geist des römischen Rechts, III 1, §§ 56–58, Die Juristische Ökonomie, S. 242. Zustimmend Merz, Vertrag und Vertragsschluß, Freiburg/Schweiz 1988, S. XV

[155] 2 Kor. 13,8

„Hier nun, bevor ich fortfahre, sage ich Euch, daß in den natürlichen Dingen die Autorität des Menschen nichts gilt; Ihr als Rechtsgelehrter scheint indes sehr viel darauf zu geben, aber die Natur, mein Herr, macht sich einen Spaß aus den Verordnungen und Satzungen der Fürsten, Imperatoren und Monarchen, auf deren Ersuchen sie kein Tüpfelchen ihrer Gesetze und Statuten ändern würde."[156]

Diese Ehrfurcht vor der Wirklichkeit, die Liebe zu den Tatsachen[157], kennzeichnet wohl den reifen Juristen: „Comments are free, but facts are sacred". Der Jurist weiß, wie eng Wahrheit und Gerechtigkeit zusammenhängen, ja einander bedingen.[158] Daher werden beide Begriffe oft zusammengenannt (vgl. Deut. 32, 4; Geh. Offb. 15,3), bis in den Text des geltenden Richtereides hinein: „nur der Wahrheit und Gerechtigkeit zu dienen" (§ 38 Deutsches Richtergesetz). Der Große Senat des Bundesgerichtshofes betont

„die Bedeutung der gerichtlichen Wahrheitsfindung für die Sicherung der Gerechtigkeit".[159]

Wir wissen allerdings, daß es zwischen Wahrheit und Gerechtigkeit auch zu Spannungen kommen kann; denn die Wahrheit in einem Verhältnis kann in einem anderen Ungerechtigkeit sein. Daher begrenzt das Recht gelegentlich die Suche nach der Wahrheit, z. B. durch Beweisverbote oder Zeugnisverweigerungsrechte (≈Tabus).[160] Wir kommen aus dem Zirkel der Sprache nicht ganz hinaus; immerhin erweitern wir ihn, brechen wir ihn partiell auf.

Dennoch bleibt: Die Arbeit am Sachverhalt, dessen disziplinierte Analyse, ist Grundlage aller Gerechtigkeit, absorbiert die Kraft des Juristen viel, viel stärker als der Außenstehende gemeinhin annimmt. Der Jurist muß „aussagen und erkennen, daß es Seiendes ist" (Parmenides); das erst macht ihn zum Voll-Juristen! Hinzutreten müssen Lebenserfahrung im Wertehorizont der Kultur (Judiz) und Mitgefühl mit den Rechtsunterworfenen (*pectus facit iurisconsultum*).[161] Nur dann findet der Jurist die „richtigen" Wörter:

[156] Zitiert nach Paul. Die Natur ändert ihre Gesetze nicht, FAZ, 8. 12. 1988, Nr. 284, S. 217

[157] Vgl. Günther Küchenhoff, Naturrecht und Liebesrecht, 2. Aufl., Hildesheim 1962

[158] Kissel, Die Justitia, München 1984, S. 82 f.

[159] Großer Straf-Senat BGHSt 32, 115

[160] Vgl. Strate, Rechtshistorische Fragen der Beweisverbote, JZ 1989, 176; vgl. BVerfG, JZ 1989, 335 m. Anm. Starck

[161] Wieacker, Der Beruf des Juristen in unserer Zeit, Gedenkschrift Franz Gschnitzer, Aalen 1968, S. 467. Vgl. Paulus, 1 Kor. 13,2: „hätte aber der Liebe nicht, wäre ich nichts"

„Wer den Pfeil spürt im Fleisch,
kennt die Vokabel.
Die Ungetroffenen
lernen sie nicht." (Rudolf Otto Wiemer)[162]

„Wes das Herz voll ist, des geht der Mund über."[163]

Es erwächst ein dialektisches Verhältnis zwischen Rechtssprache und Wirklichkeit. Darum ist es so wichtig, daß wir den jungen Juristen früh Lebenserfahrung vermitteln; durch ein zu langes Studium stehlen wir ihnen die Zeit für Wirklichkeitserfassung (wir lehren mit Wörtern über Wörter). Verkürzen wir die Ausbildung in Wörtern, damit die Bildung im Leben durch Erfahrung eher beginnen und länger wirken kann. Nur das gewährt „das eigentümliche Schauen und das unmittelbare Denken" (Goethe), welche allein einer zukunftssichernden Jurisprudenz gemäß sind.

X. Rechtsvergleichung

Damit habe ich den Gang von der Sprache zur Jurisprudenz zurückgelegt – und vieles ausgelassen. Es bietet sich an, die angeschnittenen Fragen auf die Rechtsvergleichung auszuweiten und so die kulturvergleichenden Seiten des Themas aufzugreifen.[164]

1. Weltbildcharakter

In der Rechtsvergleichung steigern sich die Schwierigkeiten mit der Sprache – weil wir zumeist einer anderen Sprache begegnen. Die Rechtsinstitute sind in einem fremden Sprachzusammenhang eingeordnet, den wir nicht im Ganzen fühlen. Jede Sprache bietet ihre Lesart des Lebens, schafft ein eigenes Weltbild,[165] ist „Lebensform" (Wittgenstein),[166] ja „Kraftfeld" (Quine)[167] – was sich auf alle Rechtsregeln auswirkt. Es ist daher schwer, die Äquivalenz eines fremden Rechts-

162 Nach Bungert, Unser herunter gekommener Gott, Christ in der Gegenwart 41 (1989) 5,6
163 Mt. 12,34
164 Großfeld, Macht (oben A. 29); Kevelson, Comparative Legal Cultures and Semiotics, American Journal of Semiotics, 1 (1982) 63; Weck, Die Sprache im deutschen Recht, Berlin 1913
165 George Steiner, Nach Babel, Frankfurt/M. 1981, S. 433
166 Schulte, Wittgenstein (oben A. 153) 146
167 Quine, Two Dogmas of Empiricism, in: ders., From a Logical Point of View, 2. Aufl., Cambridge, Mass. 1961, S. 20

institutes zu ermitteln.[168] Rechts-„übersetzungen“ haben keine gute Presse. Robert Frost meint:

„Poetry is what disappears in translation“,

und Vladimir Nabokov schreibt:

„What is translation? On a platter
A poet's pale and glaring head,
A parrot's speech, a monkey's clatter
And profanation of the dead.“

Auch wir Rechtsvergleicher müssen uns das oft vorhalten lassen (z.B. englisches Recht in Singapur vor chinesischen Richtern!). Wir haben es nicht nur mit einem Wechsel der Sprache zu tun, sondern mit einem Wechsel der Kommunikationsgemeinschaft,[169] eben des Kraftfeldes. Der Jurist Rosendorfer schildert das amüsant in seinem Roman „Briefe in die chinesische Vergangenheit“. Holdack rügt, der „vergleichenden Rechtswissenschaft“ werde

„mit einer nicht genug zu bewundernden Naivität gemeinhin die Aufgabe zugewiesen, uns Einsicht in fremdländisches Rechtsdasein zu gewähren“.[170]

Das sei eine „Selbsttäuschung des juristischen Bewußtseins“.[171]

2. *Stellung der Sprache*

Noch aus einem weiteren Grunde können wir uns auf die fremde Sprache weniger verlassen als auf die eigene: Sprache ist Teil eines umfassenden Lebenszusammenhangs. Wir dürfen nicht annehmen, daß die Stellung der Sprache im System der ausländischen Zeichen[172] und Verhaltensmuster ebenso ist wie bei uns. Die Sprache mag weniger rational, weniger logisch festlegend sein,[173] sie mag mehr atmosphärisch wirken (der Chinese verhüllt die Wahrheit, damit ihre Schärfe nicht verletzt). Sprache kann ein „entweder-oder“ und ein „sowohl als

[168] Selbst bei Gleichsprachigkeit, vgl. Mayer-Maly, Gemeinsamkeiten und Unterschiede zwischen dem deutschen und dem österreichischen Arbeitsrecht, BB 1988, 1677. Zum Folgenden Isensee, Diskussionsbeitrag, in: Lengeler, Shakespeares Sonette in deutscher Übersetzung: Stefan George und Paul Celan, Opladen 1989, S. 39

[169] Weisflog, Jurist und juristischer Übersetzer, StuW 1986, 7; vgl. Eva Hoffmann, Lost in Translation, 1988

[170] Holldack, Grenzen der Erkenntnis ausländischen Rechts, Leipzig 1919, S. V

[171] A. a. O. S. 103

[172] Chassau, Essai sur la symbolique du droit, Paris 847; Gridel, Le signe et le droit, Paris 1979

[173] Vgl. Izutsu, Die Theorie des Schönen in Japan, Köln 1988; Noda, La Conception (oben A. 78)

auch" suggerieren und das eine oder andere zur beherrschenden Denkform entfalten. Ebenso ist es mit einem Denken vom Detail oder vom Gesamteindruck her. Auch das Verhältnis von gesprochener und nichtgesprochener Mitteilung mag anders, die Rolle des Schweigens unterschiedlich sein. Wir sahen schon: Es gibt ein wortloses Dunkel, das unter aller verbalen Äußerung liegt.[174] Jedes Wort schwimmt in einem Meer des Schweigens, das die Bedeutung bestimmt. Wie aber ermitteln wir Umfang, Struktur und Dynamik des ausländischen Dunkels aus der Sprache? Wie erfassen und übersetzen wir das Umfeld des Schweigens?

3. *Unterschiedliche Zeichen*

Zudem gibt es akustische und optische Signale; Gesellschaften können auf unterschiedliche Zeichenarten graduell unterschiedlich geprägt sein. Je nach der Umwelt kann eine Kultur mehr auf akustische (Wörter), eine andere mehr auf optische Zeichen (Gesten, Schrift) achten. Auch bei uns begegnet man ja der Meinung, daß das Sichtbare sich tiefer einpräge und deshalb wichtiger sei als das Gehörte oder Gedruckte:[175] „Ein Bild sagt mehr als tausend Worte!" *„Verba docent, exempla trahunt"*; „Schweigen ist Silber, Reden ist Gold".

Das Wort überbrückt Distanzen leichter und ist damit als Bindeglied zwischen weiträumig lebenden Menschen (Hirtennomaden) wichtiger als zwischen Menschen, die seit langer Zeit eng zusammenleben (Reisbauern). Kontaktaufnahme, Kontakthalten und Sicherung der Kontinuität durch das Wort sind für den Hirtennomaden lebensentscheidend. Die Stellung der Sprache ist also auch umweltbedingt. Daran hat das Recht teil: Sprache und Recht haben beide zu tun mit der Überwindung von Distanzen. Wo akustischen Zeichen allgemein größere Bedeutung zukommt, rückt das Gesetz, die Regelung durch das Wort, in den Vordergrund. Vielleicht verdrängt die abstraktere Sicht die konkretere; zumal wenn sie durch eine Buchstabenschrift (im Unterschied zu einer Bilderschrift) unterstützt wird. Ganz fein gesponnene Verhältnisse lassen sich weder sprachlich noch rechtlich erfassen („Beschreiben Sie den Duft einer Rose" – Laotse). Kulturen haben graduell unterschiedliche Sprachspiele und gewichten sie unterschiedlich.

[174] Arthur Miller, nach Reich-Ranicki, Arthur Millers „Zeitkurven", FAZ v. 16. 1. 1988, Nr. 13, Bilder und Zeiten

[175] Wilfried Wiegand, Zum Ruhme Dürers, FAZ v. 30. 1. 1988, Nr. 25; vgl. Lange, Das Bild des unsichtbaren Gottes, Christ in der Gegenwart 41 (1988) 21

4. Bilder übersetzen

Es genügt nicht, Wörter zu übersetzen, Begriffe zu übertragen, Tatsachen zu prüfen. Wir müssen Bilder äquivalent umsetzen, d. h. die Vorstellungen und Empfindungen, die bestimmte Wörter und eine bestimmte Umwelt in Wechselwirkung hervorrufen (vgl. „ins Bild setzen").[176] Welches geistige Bild formt ein rechtlicher Begriff, in welcher Beziehung steht er mit anderen Bildern? Vielleicht müssen wir Bilder aus der Welt des Hirtennomaden in die Sicht des Reisbauern übertragen, Wort-Bilder in Nichtwort-Bilder – und umgekehrt.[177] Erst dann wird Übersetzen zum Über-Setzen (Karl Kraus).

Doch selbst mit Bildern wird das schwierig, weil wir die durch sie hervorgerufenen Assoziationen kaum übersehen und äquivalent erfassen können. „La Mediterranée" (terra = Land) ruft ein anderes Bild als „Das Mittelmeer", „Israel" einen anderen politischen Bezug als „Palästina". Wie kann ich das andere Lebensgefühl ermitteln, das die Einzelheiten verknüpft, das die Eindrücke gestaltet? Wie kann ich es übersetzen? Stille Zeichen sind zwar nicht an Sprach-, wohl aber an Zeichengrenzen gebunden; als internationale Zeichen (Piktogramme) können sie aber das Rechtsdenken vereinheitlichen.

XI. Schluß

Wir müssen darauf achten, daß die Wörter und Zeichen uns nicht den weiten Horizont der Wirklichkeit versperren. Das war ein Anliegen des Paulus, auf dem Aeropag in Athen. Er schob den Schleier der „Götterbilder" beiseite zur Anschauung des Unbekannten, des wirklichen Lebens; dabei berief er sich auf die Dichter.[178] Wir müssen – im Sinne Goethes – Ideen nicht nur in Wörter fassen, sondern „sie sogar mit den Augen sehen". Im Recht brauchen wir *alle* unsere Sinne („den Sinnen hast du dann zu trauen" – Goethe); erst sie gemeinsam geben die Gesamtschau.

In der Rechtsvergleichung können wir darüber hinaus das Wort nicht „stahn" lassen – jedenfalls nicht unangefochten. Als dessen Umfeld nehmen wir oft unkritisch unser eigenes, das vom ausländischen verschieden sein mag. Eine Rechts-

[176] Usener, Mythologie, in: Vorträge und Aufsätze, Leipzig/Berlin 1907, S. 37, 41: „Nicht die Namen und Worte, sondern die Vorstellungen (Bilder) können der Hauptgegenstand der Vergleichung sein." Vgl. Lakoff/Johnson, Metaphors (oben A. 29), Jacob Kremer, Lazarus, Stuttgart 1985, S. 342; Zanker, Augustus und die Macht der Bilder, München 1987

[177] Beispielhaft dafür ist die Heliandübertragung der Bibel in einem altsächsischen Gedicht des 9. Jahrhunderts in die Bilder der Germanen. Vgl. auch Mk. 4,34

[178] Apg. 17,28

vergleichung „aus Büchern" ist daher zwar wichtig, stößt aber bald an Grenzen. Wir müssen uns in die anderen Voraussetzungen hineindenken, besser: hineinfühlen. Dafür bedarf es mehr als Sprach- und Rechtskenntnisse; wir brauchen Phantasie[179] und die unverhüllte Anschauung des Lebens, wir brauchen Lebenserfahrung vor Ort:

„Wer den Dichter will verstehen,
Muß in Dichters Lande gehen" (Goethe)

Das gilt auch für Rechtskulturen. Nur wenn wir dem Fremden „von Angesicht zu Angesicht" begegnen, haben wir eine Chance, es zu verstehen, es zu „begreifen", können wir der Sprachverhexung entgehen. Sicher sind wir indessen nie. Denn die Wirkung der lauten und leisen Zeichen, auf die wir geprägt sind, läßt sich weder völlig auswechseln, noch auslöschen; ihnen wollen und können wir nicht ganz entfliehen:

„Muttersprache, Mutterlaut!
Wie so wonnesam, so traut!
Erstes Wort, das mir erschallet,
Süßes, erstes Liebeswort,
Erster Ton, den ich gelallet,
Klingest ewig in mir fort."
(Max von Schenkendorf – ebenfalls Jurist)

„Klingest ewig in mir fort": Das ist für uns Juristen Chance, aber auch Grenze.

[179] Dernburg, Die Phantasie im Recht, Berlin 1884, S. 9, 39; Bachrach, Recht und Phantasie, Leipzig 1912

Diskussion

Herr Kegel: Herr Großfeld, Sie haben, wie mir scheint, einen unerhört reichhaltigen Vortrag gehalten. Man kann vor Ihrer Bildung nur den Hut ziehen. Sie haben auch sehr ansprechend vorgetragen und natürlich in einer sehr guten Sprache, wie das Thema sie verlangt. Insofern war Ihre Darbietung jedenfalls für Juristen ein uneingeschränkter Genuß.

Wenn ich jetzt noch etwas sage, dann erinnere ich mich an den Prälaten Schreiber, der hier in der Akademie seinerzeit immer, wenn einer einen Vortrag gehalten hatte, sagte: Jetzt hätten wir gerne noch dieses und jenes gehört. In diesem Sinne möchte ich eine Bemerkung zu der Rechtsvergleichung machen.

Sie haben sehr stark auf das Sprachliche abgestellt, und das ist natürlich auch Ihr Thema gewesen. Aber dazu, daß Sie es nach der faktischen Seite hin abgestützt haben, indem Sie *facts* und *comments* einander gegenüberstellten und die Arbeit am Tatbestand des Juristen in den Vordergrund rückten, könnte man auch sagen: Wenn man ein juristisches Gutachten macht, dann ist die optimale Lösung vielleicht die, daß der Tatbestand ebenso lang ausfällt wie die Gründe. Das läßt sich natürlich nicht immer machen. Aber daß der Tatbestand von enormer Wichtigkeit ist, drückt sich auch in dem amerikanischen Spruch aus, daß ein Gramm Tatsachen wichtiger ist als ein Kilo Jurisprudenz. Das war wohl auch das, was Sie sagen wollten.

Aber das ist es nicht, worauf es mir hier ankommt, sondern: Sie sind auf die Rechtsvergleichung eingegangen und haben da die Übersetzungsschwierigkeiten hervorgehoben. Ich würde das Sprachliche nicht so sehr in den Vordergrund stellen, auch nicht das, was Sie als das Ungeschriebene und Atmosphärische bezeichnet haben. Das ist sicher sehr wichtig, und es ist sicher auch wünschenswert, daß man an der Front ist, wie Sie gesagt haben, oder direkt die Leute ansieht, deren Rechte man vergleicht, aber das ist natürlich nicht unbeschränkt durchführbar.

Professoren reisen sowieso schon sehr viel. Manche Rechtsvergleicher sind nur noch auf Achse. Aber das ist der Sache nicht förderlich. Es ist wahrscheinlich besser, hinsichtlich des Atmosphärischen mit einer gewissen Fehlerquote zu arbeiten und auf seinen vier Buchstaben zu sitzen und zu Hause zu arbeiten. Das tun auch manche. Es gibt Leute, die über amerikanisches Recht schreiben und nie in

Amerika gewesen sind, die auch keinen amerikanischen Juristen gesehen haben oder nur wenige. Trotzdem können sie erfolgreich über amerikanisches Recht schreiben. Schließlich sind die Philologen auch nicht in Rom und Griechenland zur Zeit der Antike gewesen, sondern sitzen hier und schauen von da aus, und das geht ja auch ganz gut, scheint es, solange keiner von den Alten aufsteht.

Ich erinnere mich an den berühmten Juristen Martin Wolff, der anfangs auch über deutsche Rechtsgeschichte las, dies aber nachher einstellte, weil er den Gedanken nicht ertragen konnte, daß plötzlich ein alter Germane käme und sagte: „Wir halten uns die Bäuche vor Lachen über das, was Sie da erzählen, was unser Recht gewesen sein soll." So etwas könnte eintreten, aber mit einem solchen Risiko sollte man zu leben versuchen.

Was ich meine, ist folgendes: Der Rechtsvergleichung liegt eigentlich mehr die Vorstellung zugrunde, daß wir hier Gebilde haben, die zeitlos sind, oder juristische Probleme, die zeitlos sind. Solche Probleme gibt es in der Tat, und es gibt andere, die zeitgebunden sind. Zum Beispiel das Wiedergutmachungsrecht nach dem Kriege, in etwa zwanzig Entscheidungsbänden gesammelt, ist durch einen Federstrich des Gesetzgebers oder durch Zeitablauf erledigt. Das Feudalrecht ist erledigt. Es gibt kein Lehnsrecht mehr, obwohl eine ungeheure Menge von Intelligenz aufgewendet worden ist, um es zu schildern. Das lebt fort in dem englisch-amerikanischen Grundstücksrecht, aber als Eigentliches ist es in der Hauptsache verschwunden. Trotzdem sind es zeitlose Probleme, die da erörtert werden, und sie sind nicht nur zeitlos, sondern sie sind auch ortlos. Es ist gleichgültig, ob das ein Amerikaner macht oder ein Deutscher. Beide werden es etwas unterschiedlich anpacken. Aber eine Voraussetzung dafür, daß man sich überhaupt damit beschäftigt, ist, daß es möglich ist, einen gemeinsamen Nenner zu finden und nicht so sehr an der Sprache zu kleben, sondern an der Sache, die Sache selbst also herauszubringen und das Sprachliche sozusagen als eine Art Impedimentum zu benutzen, das mitverwendet werden muß, solange man das Verfahren nicht völlig mathematisiert. Diesen Aspekt, meine ich, könnten Sie, wenn Sie Zeit haben und mich nicht der Schreiberschen Pedanterie beschuldigen wollen, vielleicht noch wenigstens kurz erwähnen, wenn Sie es überhaupt für richtig halten.

Herr Isensee: Herr Großfeld, Sie haben uns soeben über einen Ozean an Themen geführt. Ich frage, ob sie nicht in allzu große Weiten ausgreifen, ob nicht hier und da Rücknahme und Begrenzung vonnöten ist. Das gilt für die imperiale Geste, mit der Sie historische Persönlichkeiten für den Typus des Juristen und den des Dichterjuristen vereinnahmen.

Die historischen und die typologischen Schwierigkeiten setzen schon ein mit der Frage, was den Juristen ausmacht. Ist Solon Jurist gewesen? Griechenland kannte den Juristen als Beruf nicht. Solon war Gesetzgeber, darin gerade nicht

Jurist. Auch die jüngeren Beispiele sind problematisch. Ich zweifle, ob Goethe allein aufgrund seiner Straßburger Promotion zum *Licensiatus Iuris* als Dichterjurist figurieren kann. Ich zweifle auch, ob man Heine und Novalis dazu rechnen darf. Macht die Inskription an einer Juristischen Fakultät den Juristen? Bleibt der Mensch, der in seiner Jugend mehr oder weniger lustlos und folgenlos ein paar Semester Rechtswissenschaft studiert hat, sein Leben lang Jurist, auch wenn er sich später weder praktisch noch theoretisch mit dem Fach beschäftigt, und wird er *ipso iure* Dichterjurist, wenn er später Gedichte schreibt?

Näher als Goethe, Heine, Novalis läge E. T. A. Hoffmann als mögliches Beispiel des Dichterjuristen. Immerhin übte er einen juristischen Beruf aus, mit Erfolg und mit anerkannter Kompetenz, als Richter am Berliner Kammergericht. Doch die Frage ist, ob die Jurisprudenz in das dichterische Werk eingegangen ist, was an Stoff, Stil, Methode, Ethos des Juristen sich in den Novellen und Romanen wiederfindet. Aus dem Stand weiß ich nur ein Beispiel zu nennen. Er arbeitete dienstlich relevante Daten ein im „Meister Floh“ und karikierte darin den Berliner Polizeichef, zog sich deshalb die Strafversetzung nach Insterburg zu, die aber zunichte wurde, weil er starb. Immerhin war damit ein existentieller Zusammenhang zwischen den beiden Tätigkeitsfeldern des Dichters und des Richters hergestellt. Die Doppelexistenz des Romantikers aufgehoben im preußischen Disziplinarrecht.

Sicher gibt es Beispiele für Einflüsse des Juristischen auf Dichtungen. Das gilt für Kleist, der nur kurze berufliche Kontakte zur Jurisprudenz hatte, in höherem Maße als für Grillparzer, den Beamten auf Lebenszeit, Archivdirektor der Finanzverwaltung, Hofrat. In der Kohlhaas-Novelle ist nicht nur der Stoff juristisch geprägt, der Kampf ums Recht, sondern auch die Sprache in ihrer Affinität zu Aktendeutsch und Kanzleistil. Im „Prinzen von Homburg“ wie in Grillparzers Habsburg-Dramen oder der „Libussa“ klingen die Themen von Recht und Staat auf: Gesetz und Gefühl, Intuition und Institution, Gewissen und politische Notwendigkeit, Recht und Staatsraison, Liebes- und Rechtsordnung. Unübersehbar ist das Juristische bei Kafka, in der Sprache wie in der Sache: das Ausgeliefertsein des Individuums an die Prozesse und Organisationen, an die undurchschaubare und entmenschliche Welt der Sachen. – Auf der anderen Seite ist es nicht gerechtfertigt, Eichendorffs Lyrik als Juristenpoesie zu qualifizieren, nur deshalb, weil er die Rechte studiert hatte und als Regierungsrat im preußischen Staatsdienst sein Brot verdiente.

Das juristische Brotstudium und der juristische Brotberuf dürften für manche sensible Natur weniger poetische Anregung gewesen sein als Grund zur Flucht aus Fachstrenge und Fachkargheit in das Reich der Poesie, Befreiung durch dichterisches Schaffen. Jurisprudenz also als negative Inspiration. Reibung am Fach, nicht aber Befruchtung durch das Fach. Wie immer man die einzelnen Fälle der echten und der unechten „Dichterjuristen" betrachten mag: sie sind überaus heterogen. –

Das Verhältnis von Recht und Sprache läßt sich nicht so leicht auf einfache Formeln bringen. Eine fundamentale Aussage ist allerdings möglich: Die Jurisprudenz ist auf Sprache verwiesen wie der Fisch auf das Wasser. Recht existiert nur in Sprache und nur durch Sprache. Das gilt jedenfalls für die heutige Kultur, in der ungeschriebene und unbefragte Überlieferung, Zeichen und Sinnfälligkeit des Rechts abgestorben sind. Die Poesie im Recht ist erloschen. Dem Recht bleibt nur noch das Medium des Wortes. Der Verbalismus erreicht ungewöhnliche Ausmaße in der Bundesrepublik Deutschland, die mangels Staatsbewußtseins ihre Identität im Verfassungsgesetz sucht und mangels gesellschaftlicher Instinktsicherheit alle Lebensbereiche verrechtlicht, alles Leben amtlich gedruckten Wörtern unterwirft.

Wenn man Regeln aufweisen will im Verhältnis des Rechts zur Sprache, so wird man unterscheiden müssen: zwischen der Sprache des Gesetzgebers und der des Rechtsanwenders in der Verwaltung und in den Gerichten, zwischen der des Richters, der amtlich Recht spricht, und jener der Parteien, die um ihr Recht kämpfen, zwischen amtlicher und wissenschaftlicher Auslegung des Rechts. Und auch innerhalb der Rechtswissenschaft bestehen wesentliche Stilunterschiede zwischen dem gesetzestextabhängigem Kommentar und der Rechtsdogmatik, die dem kontingenten positiven Gesetz den Platz im Rechtssystem zuweist, wie der Rechts- und Staatstheorie, die Voraussetzungen und Horizonte des Rechtes erforscht.

Die Regel, daß dasselbe Wort nicht ohne Not ausgewechselt, und ein neues Wort nicht ohne Not eingeführt werden dürfe, gilt unmittelbar nur für Gesetze und sonstige amtliche Vorschriften. Sie gilt nicht für die Rechtswissenschaft. Der Rechtsdogmatik ist das neue Wort nicht verwehrt. Wenn sie das richtige Wort findet, kann es das Rechtsbewußtsein, die Rechtsauslegung und damit die Rechtssubstanz selbst bewegen. Ein Beispiel ist Forsthoffs Wortschöpfung „Daseinsvorsorge". Sie gab dem Verwaltungsrecht eine neue Perspektive zur Verwaltungswirklichkeit. Sie veränderte mittelbar das positive Recht.

Eigene Sprachgesetze gelten für die Rhetorik, die in bestimmten Bereichen der Rechtswelt ihren legitimen, in anderen einen illegitimen Platz behauptet. Rhetorik dient in der forensischen wie in der politischen Auseinandersetzung der Interpretation, der Durchsetzung und Gewinnung des Rechts. Hier kann die Sprache nicht mit dem engen Kreis der vorgeprägten Wörter vorlieb nehmen. Hier werden Phantasie und Beweglichkeit gefordert. Hier fließen dem Recht neue Sprachenergien zu. Aber hier gerät es auch in Versuchungen und Gefahren.

Wenn ich an notwendige Unterscheidungen erinnere, so verschließe ich mich nicht der Erkenntnis, daß alle unterscheidungsbedürftigen Beziehungen von

Recht und Sprache existentiell zusammenhängen, daß es dasselbe Recht ist, um das es geht, und daß es dieselbe Welt der Wörter ist, in der das Recht lebt. –

Nun eine letzte Anmerkung zu dem Exkurs des Referats über den „Kaufmann von Venedig“: ob das Urteil Portias gerecht oder ungerecht gewesen sei. Das Referat nimmt das Urteil juristisch ernst und stellt es in bestimmte Zusammenhänge der Rechtsentwicklung. Ich halte die Sicht nicht für angemessen. Dennoch möchte ich sie mir hypothetisch zu eigen machen und es so betrachten wie der heutige Jurist, der eine Urteilsrezension zu leisten hat. Die Rezension muß vernichtend für Portia ausfallen. Die Urkunde, der „Schein“, auf den Shylock seine Klage stützt und um dessen Gültigkeit wie Inhalt gestritten wird, ist sittenwidrig und daher nicht rechtswirksam. Sie hätte auch nach den Rechtsmaßstäben der Shakespeare-Zeit von vornherein als nichtig behandelt werden müssen. Folglich ist Shylocks Klage unbegründet. Portia müßte sie an sich abweisen. Doch die „Richterin“ akzeptiert die Urkunde als gültig. Wenn sie konsequent judizierte, müßte sie nunmehr der Klage Shylocks stattgeben und ihm das Recht zuerkennen, sich die zugesagte Menge Fleisch aus dem Körper seines Schuldners herauszuschneiden. Dennoch weist sie die Klage ab. Sie kommt, trotz der falschen Prämisse, zu dem richtigen Ergebnis. Dazu aber bedient sie sich eines formaljuristischen Winkelzuges, einer sinnwidrigen Textauslegung, einer faulen Finesse. Im Kontext der Komödie ist das Urteil genial, ein poetischer Blitz. Juristisch gesehen ist das Urteil verwerflich, obwohl es im praktischen Ergebnis richtig ist. Portia erkennt das scheinbare Recht des Klägers als Recht an und macht es durch richterliches Unrecht wieder zunichte. Sie betrügt den Juden um sein Recht, auch wenn es nur ein scheinbares Recht ist. Das gerechte Urteil auf ungerechtem Weg, das richtige Recht durch Rechtsverdrehung: das ist das Paradoxe des Falles. – Wenn ich mich recht erinnere, hat schon vor hundert Jahren Rudolf von Ihering aus ähnlichen Gründen Kritik an Portia geübt.

Meine Urteilsrezension wird Shakespeares Komödie ebensowenig gerecht wie Portia dem Shylock. Ich habe nur versucht zu zeigen, wie der Jurist an Literatur herangeht, wenn er sie nur als Jurist betrachtet und sich weder durch Philologie noch durch poetische Faszination ablenken läßt.

Herr Großfeld: Herr Kegel, bei den ortlosen Problemen stimme ich zum Teil zu; dennoch bleibt die Begegnung *face to face* wichtig.

Natürlich freue ich mich, Herr Isensee, daß Sie die zentralen Punkte ansprechen. Was ist ein Dichterjurist? Wie kann ich es erkennen? Bei Goethe verlasse ich mich auf sein eigenes Urteil. Das brauche ich nicht weiter zu untersuchen; das ist seine Aussage. Bei Solon ist fraglich, ob man für seine Zeit vom Juristen sprechen kann – Sprache heute, Sprache gestern ist ein großes Problem. Solon formulierte seine zentralen Rechtsaussagen in Gedichten. Man sagte von ihm:

Wenn er nicht so viel Zeit mit den Staatsgeschäften verbracht hätte, wäre er ein ganz großer Dichter geworden. Bei Kleist weiß man, daß in seinen Novellen die Erfahrung mit der Jurisprudenz wirksam ist. Das hat Herr Kiefner gezeigt. Bei Kafka kann man das wohl auch sagen. Dort begegnen wir dem Ringen mit dem Gesetz, welches Gesetz auch immer gemeint ist. Heinrich Heine versuchte gar, Professor der Jurisprudenz zu werden. Das sind innige Verbindungen.

Doch wächst vieles durcheinander. Wie ist es bei Novalis: Kann ich ihn als Dichterjuristen ansehen? Ähnliches gilt für Hebbel. Beide haben ja nur Jura studiert. Ich meine, daß man durch ein juristisches Studium und den ungeheuren Stoff, dem man da begegnet, fürs Leben geprägt wird. Jemand, der drei bis vier Semester Jura studiert und die Wucht dieses Kulturgutes erlebt hat, bleibt davon geprägt, ob in Zustimmung oder in Ablehnung. Bei Novalis kann man wohl zeigen, wie seine Dichtung vor dem Hintergrund des 18. Jahrhunderts steht. Sein Verhältnis zur Mathematik und zu den Zahlen ist Teil der Aufklärungszeit. Das Denken der Aufklärungszeit hat aber viel mit Juristen zu tun. Denken Sie daran, daß Christian Wolff nicht nur *der* Naturrechtsjurist war, sondern auch ein bedeutender Mathematiker, wie überhaupt die Verbindung zwischen Jurisprudenz und Mathematik im 18. Jahrhundert stärker gewesen zu sein scheint als heute.

Gewiß ist der Begriff Dichterjurist unsicher, es bestehen aber doch Nähen zwischen Dichter und Jurist, die über das hinausgehen, was man nach den statistischen Wahrscheinlichkeiten in bezug auf die Berufe erwarten könnte. Mehr weiß ich dazu nicht.

Was macht eigentlich den Juristen? Ich bin nicht Jurist, weil mich das Recht so anzieht, vielleicht bin ich es auch, weil es mich manchmal abstößt und ich neue Wege suche. Jurist kann ich werden aus der Liebe zum oder aus der Reibung mit dem Gegenstand – wie man ebenso ein guter Professor sein kann, weil einen die Studenten lieben oder weil sich die Studenten an einem reiben; ein guter Professor muß eigentlich beides schaffen. Die Definition des Dichterjuristen ist unscharf. Aber da beginnt ja schon das Problem der Sprache.

Gibt es unterschiedliche Ebenen der Rechtssprache? Sie, Herr Isensee, sagen, daß beim Gesetzesinterpreten die Rhetorik keine Rolle spiele. Der Begriff „Daseinsvorsorge" von Forsthoff ist ein wohlklingendes Wort, das sich auch deshalb durchsetzte. Heute würden wir manches an der Daseinsvorsorge, die einen Zuwachs an öffentlichem Recht gebracht hat, vielleicht anders sehen: ich will nicht so viel Daseinvorsorge durch alle möglichen Leute, die mich zwingen, für alles Anträge an den Staat zu stellen, damit ich das Geld wiederbekomme, das ich vorher an ihn abgeliefert habe. Erleben Sie einmal mit, wieviel Anträge Sie heute für Kinder stellen müssen. Die Daseinsvorsorge ist, etwas spitz gesagt, wohl auch im Interesse derjenigen, die Daseinsvorsorge leisten, nicht nur im Interesse der Empfänger. Die Doppelbödigkeit dieses „schönen" Begriffs muß man sehen.

Herr Kötting: Die Probleme, die mir durch den Vortrag entstanden sind, können nicht mit einem Satz beschrieben werden. Der Jurist hat sich ja nach der jeweiligen Ordnung des Rechts zu richten, und diese Rechtsordnung wird durch die Gesellschaft und die Gemeinschaft, in der er gerade lebt, bestimmt. Das ist das Entscheidende. Deshalb ist zum Beispiel immer die Frage: Kann ein Jurist ein Theologe sein, weil der Theologe aus ganz anderen Quellen für die richtige Ordnung schöpft?

Der Jurist ist abhängig von dem jeweiligen Begriffsinhalt, nicht von den Worten allein. Ich mache das an einem Beispiel klar. Ich kann sagen: Er hat heute einen tollen Vortrag gehalten. Damit meine ich einen sehr guten Vortrag. Ich kann ihm aber auch in der Dunkelheit begegnen und ihm sagen: Sie sind ja toll. Das ist dann etwas ganz anderes. Oder ein anderes Beispiel. Ich kann sagen: Er ist unheimlich gut. Und im selben Atemzug sage ich: Es ist unheimlich schlechtes Wetter.

So ist das in vielen Dingen heute ganz deutlich geworden. Der Jurist hält sich in seiner Sprache an die sichtbaren Dinge, nicht an die jeweilige Intention, die der Betreffende hat. Auch das mache ich an einem Beispiel klar: Der Jurist hat zu urteilen, wenn jemand einen anderen umgebracht hat. Das ist in der Juristensprache eventuell ein Mord. Der Betroffene sagt aber: Ich habe gar nicht gemordet, sondern das ist durch Zufall geschehen, ich habe ihn bloß totgeschlagen. Das ist wieder etwas anderes.

So ist mir das erst heute klargeworden, weil sich die Sprache wandelt, auch wenn sie die Vokabeln einigermaßen beibehält, aber sie oft mit einem anderen Inhalt versieht. Inwiefern ist da eine Korrespondenz mit dem Wandel in der Rechtsprechung?

Herr Scholz: Herr Großfeld, es ist immer sehr anregend, wenn jemand versucht, über den Zaun der eigenen Wissenschaft in einen anderen Bereich zu blicken. Wenn ich das richtig sehe – und das ist jetzt nicht als Vorwurf gemeint –, haben Sie über den Zaun, der zur Sprache führt, geschaut, und nicht über den Zaun, der zu einer anderen Wissenschaft führt. Das war sicher auch Ihr Thema.

Sie haben als Autoritäten Juristen und Dichter zitiert. Nun wissen wir von Platon, daß Sokrates schon vergeblich versucht hat, von den Dichtern etwas Substantielles über ihre Werke zu erfahren, das heißt natürlich auch über ihren Sprachgebrauch. Sie sind auf diese Weise in einen etwas diffusen, manchmal mystischen Bereich geraten, den die Dichter mit Vorliebe betreten, wenn sie über Sprache reden.

Es hat mich eigentlich gewundert, daß Sie als Jurist, von dem man erwartet, daß er nüchtern an eine Sache herangeht, nicht auch andere Autoritäten zitiert haben. Seit Jahrtausenden oder seit Jahrhunderten zumindest bemühen sich ja Philosophen, Philologen und seit mindestens 100 oder 200 Jahren auch Sprachwissenschaftler um das Phänomen Sprache. Von denen wissen wir unter anderem, daß jeder meint, im Bereich der Sprache kompetent zu sein, weil eben Sprache etwas ist, womit wir von Kind auf zu tun haben, mit dem wir leben. Unser ganzes Leben können wir ja nicht ohne Sprache auskommen.

Auch wenn man Sprachwissenschaft betreibt, gibt es genügend Grund, sich über manches zu wundern, zum Beispiel darüber, daß es möglich ist, mit einem Inventar von Grundeinheiten – zwischen zwanzig und dreißig liegt ihre Zahl –, den sogenannten Phonemen oder Sprachlauten, ein so kompliziertes System wie die Sprache aufzubauen, in der man so vieles auf verschiedenen Ebenen ausdrücken kann.

Aber die Sprachwissenschaftler und auch die Philologen verharren nun nicht in einem Staunen, wie dies die Dichter im allgemeinen zu tun pflegen, sondern sie versuchen, das Phänomen zu erklären. So kann man zum Beispiel auch erklären, warum es möglich ist, daß jede Sprache mit so wenig Grundelementen auskommt. Darauf will ich hier nicht eingehen. Das ist eine Fragestellung, mit der sich die moderne synchrone, strukturelle Sprachwissenschaft seit Jahren beschäftigt, und man findet da ganz plausible Erklärungen, die das Ganze zwar auch noch staunenswert machen, aber die einen doch davor bewahren, nun in diesem Staunen zu verharren und in irgendwelche mystischen Bereiche überzuwechseln.

Auch wissen wir zum Beispiel aus der modernen Sprachwissenschaft, daß es nicht damit sein Bewenden haben kann, einzelne Wörter miteinander zu vergleichen und sich darüber zu wundern, daß dasselbe Wort ganz unterschiedliche Bedeutungen haben kann, sondern wir wissen, daß wir uns den Kontext ansehen müssen, einmal den Kontext im Satz – jedes Wort bekommt seinen konkreten Sinn überhaupt nur im Kontext –, aber unter dem Kontext können wir auch größere Bereiche verstehen, das, was Sie als Atmosphäre oder als kulturellen Hintergrund angesprochen haben.

Wenn wir solche Kontextelemente heranziehen, dann ist es gar nicht mehr so verwunderlich, daß ein und dasselbe Wort etwas ganz Verschiedenes bedeuten kann und auch verschieden verstanden wird und in verschiedenen Kontexten ganz verschieden verstanden werden muß.

Mit solchen Problemen haben sich Sprachwissenschaftler und Philologen seit Jahrzehnten und Jahrhunderten beschäftigt und sind da in manchen Bereichen zu ganz plausiblen und verifizierbaren Lösungen gekommen. Dazu gehört zum Beispiel auch der Zeichenbegriff in der Sprache usw. usw.

Ich würde meinen, daß es für einen Juristen sehr fruchtbar wäre, auch sehr nutzbringend, sich mit solchen Theorien, mit solchen Erkenntnissen der modernen Sprachwissenschaft zu beschäftigen und von da aus zu versuchen, Sprache auch als juristisches Phänomen in den Griff zu bekommen, und sich nicht nur auf die Aussagen von Dichtern zu beschränken, auch wenn es Dichterjuristengp sind. Nicht jeder Jurist ist ja ein großer Dichter geworden, umgekehrt auch nicht. Aber die Beschränkung auf diese Autoritäten, die Sie gewählt haben, Juristen und Dichter, scheint mir doch von der Sache her gesehen ein wenig eng zu sein.

Herr Großfeld: Mein Vortrag hieß: Die Sicht des Juristen. Die Sprachwissenschaftler beschäftigen sich umgekehrt nicht genügend mit den juristischen Autoritäten und vielleicht auch nicht mit den Dichtern. Wer kann alles erfassen in diesem weiten Feld? Irgendwo hat man vom Beruf her seine Grenzen! Im übrigen sage ich ehrlich: Ich möchte mich nicht vor dem Staunen bewahren. Ich kann die Sache auch nur schildern, wie sie eben dem Juristen begegnet – gerade in Begegnung mit den Dichterjuristen. Daß dahinter ein weites Feld von Linguistik, Sprachgeschichte usw. steht, ist klar. Aber irgendwo gibt es Grenzen des Vermögens.

Herr Scholz: Das war nur ein Einwand, kein Vorwurf.

Herr Großfeld: Ich konnte nichts über die Sprache als solche sagen; denn das ist ein Riesenthema. Mir ging es um den Eindruck, den man aus der juristischen Arbeit, insbesondere aus der Rechtsvergleichung gewinnt. Dieser Eindruck veranlaßt oder zwingt, über Sprache nachzudenken. Wir Juristen stehen in der Rechtsvergleichung oft unter dem Gebot, etwas heute und jetzt zu erledigen, und bisher sind – auch aus Sprachgründen – die linguistischen Ansätze für uns schwer zugänglich. Es gibt Barrieren zwischen den Fächern.

Herr Scholz: Sie müssen sich aber fragen, wie Sprache eigentlich funktioniert, wenn Sie solche Probleme untersuchen wollen, die Sie untersucht haben, und darauf könnten Sie eine Antwort in der Sprachwissenschaft finden.

Herr Großfeld: Meine Beschäftigung mit der Sprache geht über das hinaus, was ich vorgetragen habe. Da ist ein Hintergrund des Schweigens, den ich als Dilettant nicht aufbereiten möchte.

Herr Kertelge: Herr Großfeld, was das Thema, das Sie heute angesprochen haben, angeht, gibt es ja Vergleichbarkeiten zwischen den verschiedenen Geisteswissenschaften und sicher auch zwischen Jurisprudenz und Theologie. Das haben Sie zu einem Teil ja auch angesprochen, etwa was das Verhältnis von Sprache und Sache angeht. Daß wir Sache nicht ohne Sprache haben können, darüber sind wir uns, denke ich, einig.

Wenn wir über Sache zu handeln haben, und Sie haben deutlich gemacht, daß Sie als Jurist über Sache zu handeln haben und die Sprache natürlich für Sie ein Medium der Verständigung und auch der Operation ist, um mit einem Problem fertig zu werden, dann mag das in ähnlicher Weise auch, was die Verkündigungssprache angeht, in der Theologie und in der praktischen Arbeit der Kirche so sein.

Nur würde ich Ihre Skepsis gegen die Sprache nicht so weit treiben und teilen, daß ich auf die unverhüllte Anschauung setze, obwohl ich als Theologe natürlich auf die unverhüllte Anschauung setzen muß. Selbstverständlich halte ich etwas davon und bin der Meinung, daß das sogar der eigentliche Gegenstand ist, den wir in der Theologie zu behandeln und zu vertreten haben, aber doch nicht so, daß wir das eine gegen das andere setzen.

Ich würde also in diesem Sinne der Sprache eine positive Bedeutung zugestehen und zugestehen müssen, natürlich auch im Sinne des theologischen Gegenstandes, mit dem wir es zu tun haben: Im Anfang war das Wort, also auch im Sinne einer Theologie des Wortes.

Ich glaube, daß damit auch eine Relativierung der Grenzen der Sprache und der Vermittlungsfähigkeit von Sprache gegeben ist. Wir sind auf das Wort angewiesen als Hinweiszeichen auf das, was Sie im Grunde genommen mit der unverhüllten Anschauung bezeichnen und signalisieren wollen.

Herr Großfeld: Das ist im Grunde ein dialektisches Verhältnis. Wie man es genau findet, weiß ich nicht; aber ich suche es.

Herr Lengeler: Zweierlei möchte ich kritisch anmerken. Sie haben irgendwann den Satz zitiert: „Comments are free, facts are sacred", von dem ich nicht weiß, woher er stammt. Aber natürlich möchte ich die Meinung anfechten, daß Fakten in jedem Fall unumstößliche Gegebenheiten sind und nicht letzten Endes das Ergebnis von Auslegungen.

Nehmen Sie einen kleinen Sprachvergleich: Das Krähen eines Hahns in unterschiedlichen Sprachen. Wir Deutschen hören ein *Kikeriki,* die Franzosen ein *coquerico,* die Engländer ein *cock-a-doodle-doo.* Lautmalend sind alle drei Bezeichnungen, aber welche gibt das Faktum richtig wieder? Das große Problem ist doch vor allem, wie wir zu den Fakten gelangen, und das geht bekanntlich nicht ohne Annahmen und Auslegungen ab.

Wenn ich, Herr Großfeld, aus Ihrem Vortrag durchaus hier und dort Sprachskepsis herausgehört habe, so ist mir andererseits unklar geblieben, wie sich diese Skepsis konkret auswirkt. Ich denke hier etwa an die Erfassung der Wirklichkeit, der Sie persönlich in der Ausbildung des Juristen große Bedeutung beimessen. Meine Frage also: Wie machen Sie das, wie sieht dieser Vorstoß auf die Wirklichkeit konkret aus?

Im übrigen gibt mir das Problem der Faktenbestimmung Gelegenheit, meinerseits noch einmal auf die Kontroverse Iherings und Kohlers zur Figur Shylocks zurückzukommen. Die Positionen, die beide gegeneinander ins Feld führen, scheinen mir weniger grundsätzlich als die Tatsache, auf die Herr Isensee hingewiesen hat, daß wir es mit einer Komödie zu tun haben; um es noch deutlicher zu sagen, um einen juristischen Befund in einer Komödie, was etwas ganz anderes ist als ein juristisches Faktum. Es ist auch nicht richtig zu behaupten, daß Portia den Juden einseitig übertölpele. Wenn Shylock am Ende des 1. Aktes von „this merry bond" spricht, hat der Zuschauer seine frühere Drohung noch im Ohr: „If I can catch him once upon the hip, I will feed fat the ancient grudge I bear him." Will man also von Fakten sprechen, so stehen in der Hierarchie dieser Fakten die Überlistung des Listigen wie überhaupt die Gattungszugehörigkeit höher als der pseudojuristische Gegensatz, den Ihering und Kohler gegeneinander aufgebaut haben.

Herr Lebek: Sie haben ein so reiches Panorama vor uns entfaltet, Herr Großfeld, daß sich, habe ich den Eindruck, fast jeder angeregt, ja, genötigt fühlt, etwas zu fragen und zu sagen. Auch was mich angeht, möchte ich fast mit Cicero sagen *longioris sermonis initium pepulisti,* und da bin ich auch gleich bei dem Bereich, auf den ich eingehen wollte.

Ist es wirklich sinnvoll, von dem Dichter und dem Juristen zu sprechen, als handelte es sich durch die Geschichte hindurch um ein und dasselbe Phänomen? Nehmen wir einmal Solon. Solon ist gewiß Dichter, aber er ist in der Zeit Dichter, in der die Dichtung das einzige Medium ist, mit dem man öffentlich in Erscheinung treten kann. Anders ausgedrückt: Wenn Solon dichtet, bedient er sich der normalen Öffentlichkeitssprache.

Ob Solon Jurist in unserem heutigen Verständnis sein könnte oder nicht, das kann dabei noch ganz offen bleiben. Aber eines ist daraus, glaube ich, ganz deutlich, daß Dichtung in dieser Zeit etwas ganz anderes ist als Dichtung heutzutage; denn so hoch wir Dichtung schätzen mögen, eine normale Öffentlichkeitssprache ist sie nicht.

Ist es überhaupt so, daß Dichtung und Jurisprudenz einander so nahe stehen? In der Hochzeit der römischen Jurisprudenz ist das meines Wissens nicht der Fall. Servius Sulpicius Rufus, Salvianus, Ulpianus, Tribonianus, von allen diesen Männern ist nichts an Dichterischem bekannt, und umgekehrt können wir auch nicht sagen, daß über den normalen Einschlag juristischer Sprache hinaus die großen römischen Dichter Juristen gewesen seien. Anders ausgedrückt: Dieses von Ihnen als Allgemeinphänomen hervorgehobene Phänomen, daß es ein gewisses Zusammengehen von Dichtung auf der einen Seite und Jurisprudenz auf der anderen Seite gibt, scheint sich doch als ein sehr stark historisch gebundenes Phänomen zu erweisen.

Herr Großfeld: Es gibt viele Untersuchungen über diese Zusammenhänge. Die Zusammenhänge sind in unserer Kultur keine neueren Phänomene, wenn man z. B. die Rolle der Dichtung in den alten deutschen Rechtstexten untersucht, die Poesie im Recht. Wie es bei den Römern war, weiß ich nicht.

Hinzu kommt die Frage: Können wir Querschnitte durch die Geschichte ziehen? Jeder Begriff lebt in einem anderen Umfeld; das ist ja schon ein Teil meines Themas. Ich weiß nicht, ob ich Solon als Dichterjuristen im heutigen Sinne bezeichnen kann. Aber erinnern Sie sich an den Vortrag von Herrn Weinrich über „Heiterkeit“: Da war ein Problem, ob der Begriff des Heiteren im 18. Jahrhundert ähnliches beschreibt wie im 20. Jahrhundert; ob man überhaupt eine Geschichte des Heiteren erzählen kann, weil sich der Inhalt des Begriffs mit der Umwelt verändert. Dieses Problem habe ich auch.

Herr Lebek: Vielleicht darf ich doch noch einmal wenigstens zu dem einen Grundproblem zurücklenken, dem Grundproblem nämlich, daß dichterische Sprache zu verschiedenen Zeiten ein anderes Medium ist. Das ist, glaube ich, doch wichtig. Heutzutage ist dichterische Sprache etwas ganz Privates. Das war eben zur Zeit Solons nicht so, und deshalb ist es auch etwas anderes, ob ein Gesetzgeber sich dichterisch in dieser Zeit äußert oder ob er es heute täte.

Herr Großfeld: Auch dazu gibt es einen Gegenbeleg: Die neue Schweizer Bundesverfassung soll einen Vorspruch bekommen, der rhythmisiert ist. Der Sprachrhythmus ist noch heute für die Überzeugungskraft von Normen wichtig; denn Recht lebt nicht von der Anerkennung durch die Juristen, Recht lebt von der Anerkennung der Rechtsgenossen. Die Technisierung unseres Rechts sehe ich nicht nur als ein Ruhmesblatt der Jurisprudenz an; die Technisierung entfremdet auch.

In der Aufklärungszeit gilt etwa: Das Recht soll so sein, daß der Bürger sich danach richten kann. Ist unser Recht noch so? Es ist einfach, die Rationalität und Technizität des Rechts zu preisen; aber es ist schwer zu fragen, wo die Grenzen dieser Technizität sind. Das Recht ohne emotionalen Widerhall hat irgendwo seine Grenzen, wird undemokratisch, verliert seine Rationalität; denn Recht, das Sie nur noch aus dem Computer erfragen können, den Sie nicht zu Hause haben, scheidet für Sie als Lenkungsinstrument aus. Denken Sie an Ihre Steuererklärung; sind wir da nicht oft hilflos und denken: Was passiert genau? Irgendwie soll es wohl stimmen.

An den „Kaufmann von Venedig“ gehe ich anders heran als Sie. Ich habe nur dargestellt, was Rudolf von Ihering gesagt und Josef Kohler erwidert hat. Als deutscher Jurist kann ich nicht entscheiden, was Shakespeare gemeint haben mag. Es liegt näher, die zu befragen, die der Kultur Shakespeares näher stehen. So kam ich zu Keeton und zu Andrews. Wenn Sie dort lesen, wie die Komödie nach dem *Equity*-Verfahren gebaut ist, dann muß Shakespeare intime Kenntnisse von diesem Streit zwischen *Common Law* und *Equity* gehabt haben. Ich halte den Versuch für unzulänglich, vom deutschen Standpunkt her ein abschließendes Urteil über ein Kunstwerk zu geben, das in einer anderen Kultur entstanden ist.

Ähnliche Methoden in der Rechtsvergleichung lehne ich ab; ich denke an die sogenannten Experten für amerikanisches Recht, die von den Lebensbedingungen in Amerika wenig wissen. Die Frage, ob Kohler oder Ihering recht hat, ist zwar interessant – es ist schön, wenn zwei so bedeutende Persönlichkeiten miteinander ringen –, aber über Shakespeare können sie mir wenig sagen und auch wenig über die damalige Zeit.

Wie ist es mit dem Erkennen der Fakten? Wir stoßen auf das alte Problem der Beziehung von innen und außen. Dieses Problem der Erkenntnistheorie kann ich nicht lösen. Doch ist eins klar: Ohne das Bemühen, so nahe wie möglich an die Tatsachen heranzukommen, ob es uns gelingt oder nicht, geht es nicht. Dabei werden wir immer von unserer Sprache, von unserer Zeit gesteuert. Wir erleben die Zeit so, wie unsere Zeit sie suggeriert, daß wir sie erleben sollen; es ist mir klar, daß wir immer wieder auf Grenzen stoßen.

Sehen Sie den Hintergrund meines Vortrages: In der juristischen Ausbildung lernen Studenten fast nur Gesetzes- und Entscheidungstexte, nur vorfabrizierte Sachverhalte – und das durchschnittlich sechs bis sieben Jahre lang; die Frage nach dem sozialen Umfeld wird oft ausgeblendet. Bei dem Suchen nach dem Tatsächlichen stoßen wir bald an unsere Grenzen, davon bin ich überzeugt. Aber ohne diese Grenzen getestet zu haben, sollte man nicht von Jurisprudenz sprechen.

Herr Besch: Ich darf vielleicht noch etwas zu Thomasius nachtragen. 1687 ist natürlich eine wichtige Zahl. Er hat Vorlesungen in deutscher Sprache angekündigt, und er hat es wirklich programmatisch getan, und insofern haben Sie völlig recht, ihn gegenüber anderen früheren Ansätzen herauszuheben.

Offensichtlich haben aber unglückliche Umstände dem Unternehmen anfänglich geschadet. Der Kollege Thomasius hatte zunächst einen überfüllten Hörsaal, was offensichtlich auch damals schon zu Steigerungsgefühlen bei Professoren geführt hat. Aber dann kam die Pest in Leipzig, und diese erste Vorlesung ist kläglich gescheitert. Es war niemand mehr da. Die Studierenden, alles Herren, flüchteten panikartig aus Leipzig. Er hat zwei Jahre später die Vorlesung noch einmal wiederholt, und da war sie ein großer Erfolg. Das zur ersten deutschen programmatisch angekündigten Vorlesung.

Ihr Vortrag war faszinierend, und ich finde es bemerkenswert, daß ein Jurist, wenn er einen Vortrag hält, nicht nur Paragraphen zitiert, sondern auch Gedichte vorträgt, poetische Fassungen von Rechtswelten. Das ist ein Stück ‚Akademie', aber die Diskussion auch.

Wir von der Sprachwissenschaft sind in der einen oder anderen Frage vielleicht etwas weiter, Verbalisierung der Welt, Arbitrarität der Formulierung, Polysemie, also eine ganze Reihe von Begriffen, auch Arbeitsfelder, die man nennen könnte, die Schwierigkeit des Übersetzens fremder Welten insgesamt, das Problem frühere Sprache, heutige Sprache.

Aber ich will auf etwas ganz Konkretes hinaus, und ich bin fast ein bißchen scheu, Herr Großfeld, Ihnen diese Frage angesichts Ihrer großen Horizontlinien zu stellen. Bürger und Bürgerinnen dieses Landes hätten wahrscheinlich beim Thema ‚Sprache: die Sicht des Juristen' auch Aussagen über die Verständlichkeit der Rechtssprache erwartet. Einiges klang an in Ihrem Vortrag. Ich glaube, das ist derzeit ein wichtiges Thema in der Öffentlichkeit. Die Rechtsunterworfenen – ich habe den Begriff von Ihnen gelernt – müssen ja irgendwie erreicht werden, die Gesetzessprache muß umgesetzt werden. Wie geschieht das?

Die Notwendigkeiten von Fachsprachen ist unbestritten. Aber es besteht auch die Notwendigkeit ihrer Umsetzung, zumal wenn entsprechende Texte größere Bevölkerungskreise betreffen. Solche ‚Umsetzungen' scheinen prinzipiell möglich zu sein – ohne gravierenden Substanzverlust. Dies scheint aber, so die Ergebnisse eines Seminars, Volljuristen weit eher zu gelingen als den Verwaltungs- und Justizbeamten auf unterer und mittlerer Ebene, die jedoch im Alltag die Hauptlast der Umsetzung, des ‚Dolmetschens' tragen müssen. Der weniger Geschulte klammert sich an den Wortlaut des Textes. Ihm fehlt die Souveränität der adäquaten Umsetzung. Das ist ein Dilemma.

Wie sehen Sie das Problem?

Herr Großfeld: Ich habe das bewußt nicht als Thema gewählt, weil es schon vielfältig behandelt wird, ich meinte, dazu nicht auch noch einen Beitrag bringen zu müssen. Gewiß ist die Frage: Wie machen wir das Recht verständlich? Wir brauchen eine Fachsprache; ohne sie geht es nicht: Abkürzung, Rationalität, Kostenersparnis, Genauigkeit. Das Problem unserer Rechtssprache ist auch, daß sie durch das Römische Recht geprägt ist, und damit durch einen anderen Sprachhintergrund. Doch verdanken wir dem Römischen Recht außerordentlich viel. Aber es bleibt: Wie machen wir das Recht verständlich?

Das Praktische ist für den Juristen das Schwerste; ich fange also mit dem Unpraktischen an: Ich zweifle manchmal, ob der Anspruch „Steuerbarkeit der Welt durch Sprache" noch durchzuhalten ist. Gibt es nichtsprachliche Steuerungsmechanismen, die vielleicht unmittelbarer und stärker wirken? Tun wir gut daran, die Versprachlichung der Welt weiterzutreiben? Im Recht stoßen wir inzwischen an eine Grenze: Denken Sie an das Stichwort „Normenflut". Das Recht muß genau sein. Die Interessen, die an den Gesetzgeber heranbranden, sind aber unglaublich vielfältig; alles will berücksichtigt werden. Bei allem Bemühen der Juristen um die Sprache stoßen wir an Grenzen und ich weiß nicht, wie wir es machen sollen: Wie z.B. den Versorgungsausgleich im Familienrecht regeln? Das ist außerordentlich komplex. Aber spiegelt es nicht die Komplexität, die Unsicherheit unseres Familienrechts? Kann die Rechtssprache mehr bieten, als der Zustand der Gesellschaft ihr vorgibt? Da muß ich passen.

Herr Rothe: Ich darf noch zwei Bemerkungen machen, und zwar zunächst noch einmal zu der Wortprägung Juristendichter oder Dichterjuristen. Es ist vielleicht zweckmäßig, sich zu überlegen, wann das historisch vorkommt, und nicht nur Beispiele nebeneinanderzustellen. Nach meinem Eindruck, jedenfalls aus den Beispielen Ihres Vortrages, könnte das Ergebnis dieser Prüfung sein, daß die meisten Beispiele aus der Zeit der Romantik kommen, kurz davor und kurz danach.

Herr Isensee: Und aus dem Barock. Das ist ganz zentral.

Herr Rothe: Schön. Dann hat man eine weitere Zeit. Wenn man weiß, daß sich das an einer Stelle in der Geschichte häuft, könnte man weiter überlegen, was das bedeutet. Sicherlich sind Juristen ja nicht Dichter, weil sie Juristen sind. Sicherlich ist Goethe nicht in seiner Eigenschaft als Jurist zum Dichter des „Werther" oder des „Prometheus" geworden. Und dann eine Überlegung, die sich auf den Vortrag und auf die Diskussion bezieht. Sie haben Gleiches oder Ähnliches zwischen Juristen und Dichtern herausgestellt, wenn ich das richtig verstehe, bloß deswegen, weil sie mit dem Wort umgehen. Er ist vielleicht erwägenswert, dasjenige, was sie trennt, herauszuarbeiten, und um da auch vorweg eine Antwort anzuregen: Der Jurist muß ja, wenn er Urteile formuliert, genau sein, der Dichter nicht. Die Sprache des Dichters muß vieldeutig sein. Jedenfalls ist es bei großen Dichtern in großen Dichtungen so, daß sie aus der Vieldeutigkeit des Wortgebrauchs leben, nicht aus der Eindeutigkeit. Eindeutig in der Dichtung ist Trivialliteratur.

Herr Großfeld: Zu dem Einwurf „Barock". Nehmen Sie den Sachsenspiegel, 1230 bis 1235; nehmen sie das Muspilli, 9. Jahrhundert. Aus dem Sachsenspiegel die berühmte Reimvorrede: Hat sie ein Jurist geschrieben oder ein Dichter? War der Verfasser beides? Dann die andere Frage: Was macht Menschen groß? War Goethe so groß, weil er Jurist war? Läßt sich das rational entscheiden?

Herr Rothe: Das war nicht die Frage, sondern: Was macht ihn zum Dichter?

Herr Großfeld: Ich glaube, wenn Goethe sagt: Jurisprudenz ist ein wesentliches Element meines Lebens – was können wir mehr verlangen als dieses Selbstzeugnis?

Außerdem: Wie ist es mit der Genauigkeit? Der Jurist weiß, daß vieles in der Jurisprudenz scheingenau ist; wir spiegeln oft Genauigkeit vor. Erst wird genau subsumiert, und wenn wir nachher entscheiden müssen, springen wir ins Leere, ins kalte Wasser. Die Genauigkeit des Juristen hat ihre Grenzen, aber auch die Ungenauigkeit des Dichters. Vorhin war von Polysemie die Rede; da wurden Fachbegriffe aus der Linguistik gebracht. Halten Sie dagegen: „Sprache ist Delphi". Das ist eine präzise Beschreibung; ich finde sie unübertrefflich.

Denken Sie einmal bei Novalis an seine Beschäftigung mit der Mathematik: „Alles Denken muß letztlich Mathematik werden" – so ähnlich sagt er; das überträgt er auf andere Gebiete. Seine Sprachgedichte kreisen um Genauigkeit, übrigens auch um die Frage: Kann ich Gedanken in Bildern ausdrücken? Ob man einen grundsätzlichen Gegensatz zwischen Juristen und Dichtern annehmen kann? Wahrscheinlich gibt es ein mehr oder weniger; die Worte „nur" oder „bloß" scheinen mir fehl am Platze. Ich sage nicht „nur" oder „bloß"; es geht um Schattierungen. Die Schatten spielen wohl ineinander, bei Dichtern und Juristen stärker – so scheint es zu sein – als bei anderen.

Herr Herrmann: Herr Großfeld, ich möchte aus meinem Fachgebiet an ein Beispiel erinnern, das an die Grenze von Jurisprudenz und Literatur führt, das „Salomonische Urteil". Bekanntlich kommt das Motiv dieser Erzählung nicht nur im Alten Testament vor; es gibt dazu zahlreiche Parallelen in der Weltliteratur. Eine eindrucksvolle Übersicht gab bereits Hugo Greßmann. Das salomonische Urteil: Deutsche Rundschau 130 (1907) 212–228. Nun versuche man einmal, die Entscheidung Salomos, wenn ich so sagen darf, in die Niederungen abstrakter Begriffssprache einzubringen. Das ist so gut wie unmöglich.

Herr Großfeld: So scheint es mir auch.

Herr Herrmann: Das „Salomonische Urteil" ist übrigens eine Beispielerzählung. Zuvor bittet der König Gott um ein „hörendes Herz", um im Rahmen seiner Regierung stets die rechten Entscheidungen treffen zu können (1. Regum 3, 5–14). Ich kann hier nicht auf die Vorgeschichte dieser eigenartigen Redewendung vom „hörenden Herzen" eingehen. Wahrscheinlich hängt sie mit der ägyptischen Weisheitsliteratur zusammen. Salomos „hörendes Herz" bewährt sich nun in der nachfolgenden Erzählung über sein berühmtes Urteil.

Wo fängt in diesem Fall die Jurisprudenz an, wo sind ihre Grenzen? Was vermag dabei die Sprache und welche Funktion hat sie? Ist das „Salomonische Urteil" nicht ein großartiges Beispiel für die Verbindung von praktischer Rechtspflege und weisheitlicher Literatur? Es handelt sich um eine Weisheitserzählung, nicht um ein juristisches Protokoll, obwohl der Fall selbst in höchstem Grade justitiabel erscheint. Ist nicht gerade wegen dieser eigenartigen Verbindung von Recht und Weisheit diese Erzählung Weltliteratur geworden? Man kann weiterfragen, zu wessen Gunsten eigentlich diese Erzählung beispielhaft geworden ist, wo immer ihr Motiv Verwendung fand, für die jeweilige Person, die ein solches Urteil sprechen konnte, oder für einen Sachverhalt, der sich letztlich menschlicher Urteilskraft und Entscheidungsfähigkeit entzieht? Letzteres sicherlich, aber wie ist ein solcher Sachverhalt abstrakt in Worte zu fassen?

Herr Großfeld: Die Grenzen der Sprache für das Recht kennt jeder Jurist. Er merkt bald, daß das Recht für fein gesponnene Lebensverhältnisse nicht taugt, weil unsere Sprache für sie nicht angemessen ist. Wenn wir mit dem Recht hineingehen, entspricht diese Sonde der Intimität der Verhältnisse oft nicht. Laotse sagt: „Beschreibe den Duft einer Rose" – da ist Schluß mit unserer Sprache. Die Versprachlichung des Rechtes ist gewiß wichtig; doch ergeben sich Grenzen aus der Flut der Spracheinsätze, aus der Intimität und Feingesponnenheit der Lebensverhältnisse.

Ich weiß nicht, ob das Bild vom Urteil Salomos auf solchen Überlegungen beruht. Aber die juristischen Entscheidungen lassen sich letztlich sprachlich nicht begründen. Die richterlichen Sprüche wurzeln auch in einem vorsprachlichen Raum. Wie wollen Sie etwa miteinander in Verbindung bringen, daß jemand 100 000 DM unterschlagen hat und dafür drei Jahre ins Gefängnis kommt? Welche rationale Beziehung besteht zwischen 100 000 DM und drei Jahren Freiheitsentzug? Die Zahlen gaukeln eine Rationalität vor, die so nicht besteht. Ähnlich ist es oft mit den Wörtern der Juristen.

Herr Isensee: Der Leitgedanke des Referats scheint mir dahin zu gehen, daß wechselseitige Sympathie und Verwiesenheit von Recht und Literatur herrsche, von Rechtssprache und Dichtersprache. Herr Großfeld, Sie sehen die Beziehung aus der Perspektive dessen, der im Recht lebt und arbeitet. Sie bekunden in Ihrer Person, wie der Jurist sich der Faszination durch Dichtung, der Liebe zur Literatur ergeben kann. Doch: Wird die Liebe erwidert?

Das Recht weckt im normalen Literaturliebhaber reflexhafte Abneigung, es gilt als trocken und spröde. Die Sprache des Rechts erscheint unschön und unverständlich: Packpapierstil, wie Heine über Kants Deutsch sagte, das in manchem dem Stil des Juristen vergleichbar ist. Die Rechtswelt erscheint landläufig als Gegenwelt zur Poesie. – An diesem Ressentiment ist etwas dran. Die Harmonie, von der Sie, Herr Großfeld, ausgehen, prästabilierte Harmonie, die allenfalls durch ein paar leichte Mißverständnisse getrübt sei, waltet nicht.

Beide Bereiche sind auseinandergerückt. Sie sind einander fremd geworden. Die archaische Einheit von Recht, Religion, Rechtsmythos und Poesie, wie sie in den Epen der Griechen, der Germanen, der Inder lebte, ist zerbrochen. In den alten Texten gab die Versform dem Inhalt, den Geschichten und den Lehren eherne Kraft. Just eherne Kraft geht literarischen Texten der Neuzeit ab. In ihnen redet nicht mehr ein ganzes Volk, als ein objektives und allgemeines. In ihnen redet ein dichterisches Individuum in hochentwickelter Subjektivität. Und wenn ein Text eherne Kraft anstrebt, wie es bei Gedichten Stefan Georges der Fall ist, so äußert sich darin gerade des Exzentrische der künstlerischen Individualität, die subjektive Gebärde des poetischen Führers.

Der Unterschied zwischen Gesetz und Gedicht zeigt sich auch in der jeweiligen Interpretation. Der Philologe, der ein George-Gedicht falsch interpretiert, verfehlt sein Objekt. Der Jurist, der, mit amtlicher Kompetenz ausgestaltet, eine Norm falsch interpretiert, verändert sein Objekt und gibt der Norm neuen Inhalt. Deshalb muß der moderne Staat, der Entscheidungs- und Rechtseinheit herstellen will, auch über seine gewaltenteiligen Organe die Interpretationseinheit des Rechts gewährleisten.

Diese Entwicklung der Literatur kann das Recht nicht ignorieren und nicht rückgängig machen. Wenn ein Gericht von heute sein Urteil in Reimen abfaßt, so wird das Urteil damit nicht ehern, sondern albern. Der reimende Richter veralbert das Rechtsbegehren der Parteien und die Sache des Rechts überhaupt. Ernst ist das Recht, heiter ist die Kunst.

Deswegen bewegt sich der Jurist, der mit seiner habituell-fachlichen Ernsthaftigkeit das Urteil der Portia interpretiert, auf fremdem Gelände, nicht im Reiche des Rechts, sondern im Reiche der Poesie, eben in Dichters Land. Deshalb braucht er auch zum Verständnis der Shakespeare'schen Szene nicht englische Rechtsquellen des 16. oder des 17. Jahrhunderts zu studieren. Er muß nur das Stück lesen, um zu spüren, wenn er überhaupt Sensorium für Dichtung hat, daß er sich in Dichters Land befindet. Wenn er das aber nicht merkt und die Fall-Lösung Portias so diskutiert wie das Urteil eines deutschen Landgerichts, dann diskutiert er an der Sache vorbei, an der Sache der Komödie, die nicht zuletzt dadurch Komödie ist, daß sie die korrekten und geradlinigen, die langweiligen Lösungen des Rechts verschmäht und dem juristischen Ernst das poetische Spiel vorzieht. Eine juristische Interpretation der Komödie, die das poetische Eigengesetz der Komödie verkennt, gibt in ihrer deplacierten juristischen Ernsthaftigkeit selbst eine unfreiwillige Komödie ab.

Der Bruch zwischen Dichtersprache und Rechtssprache läßt sich nur schwer und niemals vollständig überbrücken. Das ist Schicksal der modernen Kultur. Es lohnt keine Klage. Der Gesetzestext unterscheidet sich von einem dichterischen Text von Grund auf dadurch, daß er amtlich, daß er öffentlich verbindlich ist, daß er grundsätzlich allgemein und für alle gleich gelten will, für einen unbegrenzten Personenkreis und für prinzipiell unbegrenzte Zukunft. Das Gesetz steht unter dem Gebot der inhaltlichen Bestimmtheit, der Genauigkeit und Identität. Es darf sich nicht für jeden, den es angeht, anders darstellen. Es kann nicht in den Händen jedes Rechtsanwenders und Adressaten andere Interpretationsgestalt annehmen. Sonst verlöre es seine Allgemeinheit, seine Gleichheit, seine ordnende und befriedende Kraft. Das Leitbild des Gesetzes läßt sich in der Praxis nur annäherungsweise erreichen. Doch für die Lyrik ist das noch nicht einmal Ideal.

Ich schließe nicht aus, daß sich das Gesetz auch um ästhetische Form bemühen soll und daß es diese in bestimmtem Maß auch erreichen kann. Stilwille regt sich in den Präambeln, den Grundrechten und den Staatsstrukturbestimmungen der Verfassungsgesetze. Hier werden Leitsterne des Gemeinwesens gesetzt, die Regeln der Regeln, die naturgemäß allgemein und offen sein müssen, nach einem alten Diktum „kurz und unklar". Sie entspringen nicht der juristischen Fachsprache, sondern der politischen Rhetorik. Wenn sie aber über rhetorische Qualität hinaus effektive rechtliche Geltung erzielen wollen, müssen sie normative Indentität aufweisen, zumindest Kerngenauigkeit.

Die mögliche ästhetische Qualität des Gesetzes wird immer wieder an Stendhal exemplifiziert. Von diesem weiß die Legende, daß er regelmäßig, ehe er das Tagewerk des Romanschreibens aufnahm, einige Passagen des Code Civil gelesen habe, um seinen Stil zu reinigen, ihm Strenge, Klarheit und Konsistenz zu geben.

Von der Sprache der Gesetze ist die der Rechtswissenschaft zu unterscheiden. Für diese gelten vergleichbare Regeln wie für andere geisteswissenschaftliche Disziplinen auch. Daß es rechtswissenschaftlichen Texten möglich ist, höchste sprachliche Ansprüche einzulösen und das Spröde wie das Esoterische der Wissenschaftssprache auf höchstem wissenschaftlichen Sachniveau zu überwinden, das hat ein Rechtsgelehrter dieses Jahrhunderts bewiesen und darin Ruhm wie Verhängnis gefunden: Carl Schmitt, Jurist, Stilist und Artist zugleich. Der scharfe Schliff der Begriffe, die konzise, federnde Sprache sind Glanz, Klärung und Verführung zugleich, *fascinosum et tremendum.*

Wenn ich von dem grundsätzlichen Widerspruch zwischen Dichtung und Jurisprudenz ausgegangen bin, so bin ich nun angelangt bei den Berührungen und den (partiellen) Übereinstimmungen. Die Juristen haben wie die Dichter ihre Welt in der Sprache. Max von Schenkendorf, der eben zitiert wurde, feiert die deutsche Sprache als Muttersprache. Auf den einen Schelmen Herrn Großfelds möchte ich anderthalbe setzen. Ehe die deutsche Sprache Dichtersprache, sogar ehe sie Muttersprache werden konnte, war sie schon Verwaltungs- und Juristensprache, böhmische Kanzleisprache. Am Anfang war das Wort des Juristen.

Herr Großfeld: Vielen Dank. Zunächst: Die Wirkung des Rechts auf die Sprache ist ein großes Gebiet. Ich sehe keinen Gegensatz in Dichtung und Recht. Es fällt auf, wie oft Recht Gegenstand der schönen Literatur und der Dichtung ist. Nehmen Sie nur Dürrenmatt, Bertolt Brecht und andere, die ich im Vortrag erwähnte.

Der Reim in Urteilen ist zurecht umstritten; in der NJW wurde kürzlich darüber gefochten. Es ist eine Sache auch des Taktes. Mir geht es zuerst um das Phänomen, nicht um die Bewertung.

Dann zur Sprache unserer Fall-Lösungen: Sie haben erkannt, daß ich die Fall-Lösungstechnik unserer Ausbildung, die damit verbundene Sprachverarmung und Erfahrungsverarmung so nicht mehr mittrage. Unsere Ausbildung ist leider Fall-Lösungstechnik geworden, geht kaum darüber hinaus („Anspruchsseligkeit"). Das führt zu einer Sprachverarmung und zu einer Technizität der Sprache, die uns Juristen und das Recht in bedenklicher Weise von dem Sprach- und Rechtsverständnis der Rechtsunterworfenen entfernt.

Nun zu dem, wie das Gesetz sein muß: Ja, wie muß das Gesetz sein? Unser Gesetzesbegriff stammt aus dem 18. Jahrhundert. Ob das *der* Gesetzesbegriff sein kann? Weiter: Hält der Anspruch des Gesetzes, allgemein und gleich zu gelten, der Wirklichkeit stand? Das sind Fragen an unsere heutige Gesetzesproduktion. Wir können auch die einzelnen Sprachebenen nicht voneinander abschotten; sie beeinflussen sich gegenseitig, wie Sie an der Kanzleisprache und der Luther-Bibel zeigten.

Wir sollten nicht von einem Gegensatz sprechen, sondern von merkwürdigen Affinitäten. Sie geben mir aber Anlaß zum Zweifel, wie wir Juristen die Sprache verwenden. Die Gleichheitsvorstellung des Gesetzes und die Voraussehbarkeit des Rechts sind durch die Normenflut fragwürdig geworden.

Wir Juristen dienen jedenfalls den Rechtsunterworfenen besser, wenn wir den Zweifel an der Sprache wachhalten, ohne daß wir uns ihm völlig ergeben.

Veröffentlichungen
der Rheinisch-Westfälischen Akademie der Wissenschaften

Neuerscheinungen 1977 bis 1989

Vorträge G Heft Nr.		GEISTESWISSENSCHAFTEN
222	*Heinz Hürten, Freiburg i. Br.*	Reichswehr und Ausnahmezustand. Ein Beitrag zur Verfassungsproblematik der Weimarer Republik in ihrem ersten Jahrfünft
223	*Bernhard Kötting, Münster*	Religionsfreiheit und Toleranz im Altertum Jahresfeier am 18. Mai 1977
224	*Karl J. Narr, Münster*	Zeitmaße in der Urgeschichte
225	*Karl Eduard Rothschuh, Münster*	Iatromagie: Begriff, Merkmale, Motive, Systematik
226	*Samuel R. Spencer jr., Davidson*	Die amerikanische Stimmung im Jahr des Janus
227	*Paul Mikat, Düsseldorf*	Dotierte Ehe – rechte Ehe. Zur Entwicklung des Eheschließungsrechts in fränkischer Zeit
228	*Herbert Franke, München*	Nordchina am Vorabend der mongolischen Eroberungen: Wirtschaft und Gesellschaft unter der Chin-Dynastie (1115–1234)
229	*András Mócsy, Budapest*	Zur Entstehung und Eigenart der Nordgrenzen Roms
230	*Heinrich Dörrie, Münster*	Sinn und Funktion des Mythos in der griechischen und der römischen Dichtung
231	*Jean Bingen, Brüssel*	Le Papyrus Revenue Laws – Tradition grecque et Adaptation hellénistique
232	*Niklas Luhmann, Bielefeld*	Organisation und Entscheidung
233	*Louis Reekmans, Leuven*	Die Situation der Katakombenforschung in Rom
234	*Josef Pieper, Münster*	Was heißt Interpretation?
235	*Walther Heissig, Bonn*	Die Zeit des letzten mongolischen Großkhans Ligdan (1604–1634)
236	*Alf Önnerfors, Köln*	Die Verfasserschaft des Waltharius-Epos aus sprachlicher Sicht
237	*Walther Heissig, Bonn*	Die mongolischen Heldenepen – Struktur und Motive
238	*Günther Stökl, Köln*	Osteuropa – Geschichte und Politik Jahresfeier am 23. Mai 1979
239	*Wilhelm Weber, Münster*	Geld, Glaube, Gesellschaft
240	*Giovanni Nencioni, Florenz*	Lessicografia e Letteratura Italiana
241	*Arno Esch, Bonn*	Zur Situation der zeitgenössischen englischen Lyrik
242	*Otto Pöggeler, Bochum* *Heinz Breuer, Bonn*	Fragen der Forschungspolitik
243	*Klaus Stern, Köln*	Verfassungsgerichtsbarkeit zwischen Recht und Politik
244	*Klaus W. Niemöller, Münster*	Der sprachhafte Charakter der Musik
245	*Jürgen Untermann, Köln*	Trümmersprachen zwischen Grammatik und Geschichte
246	*Clemens Menze, Köln*	Leibniz und die neuhumanistische Theorie der Bildung des Menschen
247	*Helmut Schelsky, Münster*	Die juridische Rationalität
248	*Ulrich Scheuner, Bonn*	Der Beitrag der deutschen Romantik zur politischen Theorie
249	*Georg Kauffmann, Münster*	Zum Verhältnis von Bild und Text in der Renaissance
250	*Rudolf Kassel, Köln*	Dichtkunst und Versifikation bei den Griechen
251	*Hans Schadewaldt, Düsseldorf*	Idiosynkrasie, Anaphylaxie, Allergie, Atopie – Ein Beitrag zur Geschichte der Überempfindlichkeitskrankheiten
252	*Walter Hinck, Köln*	Haben wir heute vier deutsche Literaturen oder *eine?* Plädoyer in einer Streitfrage Jahresfeier am 13. Mai 1981
253	*Heinz Gollwitzer, Münster*	Vorüberlegungen zu einer Geschichte des politischen Protestantismus nach dem konfessionellen Zeitalter
254	*Martin Honecker, Bonn*	Evangelische Theologie vor dem Staatsproblem
255	*Paul Mikat, Düsseldorf*	Rechtsprobleme der Schlüsselgewalt
256	*Ernst Dassmann, Bonn*	Paulus in frühchristlicher Frömmigkeit und Kunst
257	*Reinhold Merkelbach, Köln*	Weihegrade und Seelenlehre der Mithrasmysterien
258	*Bruno Lewin, Bochum*	Sprachbetrachtung und Sprachwissenschaft im vormodernen Japan
259	*Boris Meissner, Köln*	Das Verhältnis von Partei und Staat im Sowjetsystem
260	*Hans-Rudolf Schwyzer, Zürich*	Ammonios Sakkas, der Lehrer Plotins
261	*Eugen Ewig, Bonn*	Die Merowinger und das Imperium
262	*Armin Kaufmann, Bonn*	Die Aufgabe des Strafrechts

263	*Gerard Verbeke, Leuven*	Avicenna, Grundleger einer neuen Metaphysik
264	*Roger Goepper, Köln*	Das Kultbild im Ritus des esoterischen Buddhismus Japans
265	*Paul Mikat, Düsseldorf*	Zur Diskussion um die Lehre vom Vorrang der effektiven Staatsangehörigkeit
266	*Gerhard Kegel, Köln*	Haftung für Zufügung seelischer Schmerzen
		Jahresfeier am 11. Mai 1983
267	*Hans Rothe, Bonn*	Religion und Kultur in den Regionen des russischen Reiches im 18. Jahrhundert
268	*Paul Mikat, Düsseldorf*	Doppelbesetzung oder Ehrentitulatur – Zur Stellung des westgotisch-arianischen Episkopates nach der Konversion von 587/89
269	*Andreas Kraus, München*	Die *Acta Pacis Westphalicae*
270	*Gerhard Ebeling, Zürich*	Lehre und Leben in Luthers Theologie
271	*Theodor Schieder, Köln*	Über den Beinamen „der Große" – Reflexionen über historische Größe
272	*J. Nicolas Coldstream, London*	The Formation of the Greek Polis: Aristotle and Archaeology
273	*Walter Hinck, Köln*	Das Gedicht als Spiegel der Dichter. Zur Geschichte des deutschen poetologischen Gedichts
274	*Erich Meuthen, Köln*	Das Basler Konzil als Forschungsproblem der europäischen Geschichte
275	*Hansjakob Seiler, Köln*	Sprache und Gegenstand
276	*Gustav Adolf Lehmann, Köln*	Die mykenisch-frühgriechische Welt und der östliche Mittelmeerraum in der Zeit der „Seevölker"-Invasionen um 1200 v. Chr.
277	*Andreas Hillgruber, Köln*	Der Zusammenbruch im Osten 1944/45 als Problem der deutschen Nationalgeschichte und der europäischen Geschichte
278	*Niklas Luhmann, Bielefeld*	Kann die moderne Gesellschaft sich auf ökologische Gefährdungen einstellen?
		Jahresfeier am 15. Mai 1985
279	*Joseph Ratzinger, Rom*	Politik und Erlösung. Zum Verhältnis von Glaube, Rationalität und Irrationalem in der sogenannten Theologie der Befreiung
280	*Hermann Hambloch, Münster*	Der Mensch als Störfaktor im Geosystem
281	*Reinhold Merkelbach, Köln*	Mani und sein Religionssystem
282	*Walter Mettmann, Münster*	Die volkssprachliche apologetische Literatur auf der Iberischen Halbinsel im Mittelalter
283	*Hans-Joachim Klimkeit, Bonn*	Die Begegnung von Christentum, Gnosis und Buddhismus an der Seidenstraße
284	*2. Akademie-Forum*	Technik und Ethik
	Wolfgang Kluxen, Bonn	Ethik für die technische Welt: Probleme und Perspektiven
	Rudolf Schulten, Aachen/Jülich	Maßstäbe aus der Natur für technisches Handeln
285	*Hermann Lübbe, Zürich*	Die Wissenschaften und ihre kulturellen Folgen. Über die Zukunft des *common sense*
286	*Andreas Hillgruber, Köln*	Alliierte Pläne für eine „Neutralisierung" Deutschlands 1945–1955
287	*Otto Pöggeler, Bochum*	Preußische Kulturpolitik im Spiegel von Hegels Ästhetik
288	*Bernhard Großfeld, Münster*	Einige Grundfragen des Internationalen Unternehmensrechts
289	*Reinhold Merkelbach, Köln*	Nikaia in der römischen Kaiserzeit
290	*Werner Besch, Bonn*	Die Entstehung der deutschen Schriftsprache
291	*Heinz Gollwitzer, Münster*	Internationale des Schwertes. Transnationale Beziehungen im Zeitalter der „vaterländischen" Streitkräfte
292	*Bernhard Kötting, Münster*	Die Bewertung der Wiederverheiratung (der zweiten Ehe) in der Antike und in der Frühen Kirche
293	*5. Akademie-Forum*	Technik und Industrie in Kunst und Literatur
	Volker Neuhaus, Köln	Vorwurf Industrie
	Klaus Wolfgang Niemöller, Köln	Industrie, Technik und Elektronik in ihrer Bedeutung für die Musik des 20. Jahrhunderts
	Hans Schadewaldt, Düsseldorf	Technik und Heilkunst
294	*Paul Mikat, Düsseldorf*	Die Polygamiefrage in der frühen Neuzeit
295	*Georg Kauffmann, Münster*	Die Macht des Bildes – Über die Ursachen der Bilderflut in der modernen Welt
		Jahresfeier am 27. Mai 1987
296	*Herbert Wiedemann, Köln*	Organverantwortung und Gesellschafterklagen in der Aktiengesellschaft
297	*Rainer Lengeler, Bonn*	Shakespeares Sonette in deutscher Übersetzung: Stefan George und Paul Celan
298	*Heinz Hürten, Eichstätt*	Der Kapp-Putsch als Wende. Über Rahmenbedingungen der Weimarer Republik seit dem Frühjahr 1920
299	*Dietrich Gerhardt, Hamburg*	Die Zeit und das Wertproblem, dargestellt an den Übertragungen V. A. Žukovskijs
300	*Bernhard Großfeld, Münster*	Unsere Sprache: Die Sicht des Juristen

ABHANDLUNGEN

Band Nr.		
56	*Harald von Petrikovits, Bonn*	Die Innenbauten römischer Legionslager während der Prinzipatszeit
57	*Harm P. Westermann u. a., Bielefeld*	Einstufige Juristenausbildung. Kolloquium über die Entwicklung und Erprobung des Modells im Land Nordrhein-Westfalen
58	*Herbert Hesmer, Bonn*	Leben und Werk von Dietrich Brandis (1824–1907) – Begründer der tropischen Forstwirtschaft. Förderer der forstlichen Entwicklung in den USA. Botaniker und Ökologe
59	*Michael Weiers, Bonn*	Schriftliche Quellen in Moġolī, 2. Teil: Bearbeitung der Texte
60	*Reiner Haussherr, Bonn*	Rembrandts Jacobssegen Überlegungen zur Deutung des Gemäldes in der Kasseler Galerie
61	*Heinrich Lausberg, Münster*	Der Hymnus ›Ave maris stella‹
62	*Michael Weiers, Bonn*	Schriftliche Quellen in Moġolī, 3. Teil: Poesie der Mogholen
63	*Werner H. Hauss, Münster* *Robert W. Wissler, Chicago,* *Rolf Lehmann, Münster*	International Symposium 'State of Prevention and Therapy in Human Arteriosclerosis and in Animal Models'
64	*Heinrich Lausberg, Münster*	Der Hymnus ›Veni Creator Spiritus‹
65	*Nikolaus Himmelmann, Bonn*	Über Hirten-Genre in der antiken Kunst
66	*Elmar Edel, Bonn*	Die Felsgräbernekropole der Qubbet el Hawa bei Assuan. Paläographie der althieratischen Gefäßaufschriften aus den Grabungsjahren 1960 bis 1973
67	*Elmar Edel, Bonn*	Hieroglyphische Inschriften des Alten Reiches
68	*Wolfgang Ehrhardt, Athen*	Das Akademische Kunstmuseum der Universität Bonn unter der Direktion von Friedrich Gottlieb Welcker und Otto Jahn
69	*Walther Heissig, Bonn*	Geser-Studien. Untersuchungen zu den Erzählstoffen in den „neuen" Kapiteln des mongolischen Geser-Zyklus
70	*Werner H. Hauss, Münster* *Robert W. Wissler, Chicago*	Second Münster International Arteriosclerosis Symposium: Clinical Implications of Recent Research Results in Arteriosclerosis
71	*Elmar Edel, Bonn*	Die Inschriften der Grabfronten der Siut-Gräber in Mittelägypten aus der Herakleopolitenzeit
72	*(Sammelband)*	Studien zur Ethnogenese
	Wilhelm E. Mühlmann	Ethnogonie und Ethnogenese
	Walter Heissig	Ethnische Gruppenbildung in Zentralasien im Licht mündlicher und schriftlicher Überlieferung
	Karl J. Narr	Kulturelle Vereinheitlichung und sprachliche Zersplitterung: Ein Beispiel aus dem Südwesten der Vereinigten Staaten
	Harald von Petrikovits	Fragen der Ethnogenese aus der Sicht der römischen Archäologie
	Jürgen Untermann	Ursprache und historische Realität. Der Beitrag der Indogermanistik zu Fragen der Ethnogenese
	Ernst Risch	Die Ausbildung des Griechischen im 2. Jahrtausend v. Chr.
	Werner Conze	Ethnogenese und Nationsbildung – Ostmitteleuropa als Beispiel
73	*Nikolaus Himmelmann, Bonn*	Ideale Nacktheit
74	*Alf Önnerfors, Köln*	Willem Jordaens, Conflictus virtutum et viciorum. Mit Einleitung und Kommentar
75	*Herbert Lepper, Aachen*	Die Einheit der Wissenschaften: Der gescheiterte Versuch der Gründung einer „Rheinisch-Westfälischen Akademie der Wissenschaften" in den Jahren 1907 bis 1910
76	*Werner H. Hauss, Münster* *Robert W. Wissler, Chicago* *Jörg Grünwald, Münster*	Fourth Münster International Arteriosclerosis Symposium: Recent Advances in Arteriosclerosis Research
78	*(Sammelband)*	Studien zur Ethnogenese, Band 2
	Rüdiger Schott	Die Ethnogenese von Völkern in Afrika
	Siegfried Herrmann	Israels Frühgeschichte im Spannungsfeld neuer Hypothesen
	Jaroslav Šašel	Der Ostalpenbereich zwischen 550 und 650 n. Chr.
	András Róna-Tas	Ethnogenese und Staatsgründung. Die türkische Komponente in der Ethnogenese des Ungartums
	Register zu den Bänden 1 (Abh 72) und 2 (Abh 78)	
79	*Hans-Joachim Klimkeit, Bonn*	Hymnen und Gebete der Religion des Lichts. Iranische und türkische Texte der Manichäer Zentralasiens

Sonderreihe PAPYROLOGICA COLONIENSIA

Vol. I	
Aloys Kehl, Köln	Der Psalmenkommentar von Tura, Quaternio IX
Vol. II	
Erich Lüddeckens, Würzburg, P. Angelicus Kropp O. P., Klausen, Alfred Hermann und Manfred Weber, Köln	Demotische und Koptische Texte
Vol. III	
Stephanie West, Oxford	The Ptolemaic Papyri of Homer
Vol. IV	
Ursula Hagedorn und Dieter Hagedorn, Köln, Louise C. Youtie und Herbert C. Youtie, Ann Arbor	Das Archiv des Petaus (P. Petaus)
Vol. V	
Angelo Geißen, Köln *Wolfram Weiser, Köln*	Katalog Alexandrinischer Kaisermünzen der Sammlung des Instituts für Altertumskunde der Universität zu Köln Band 1: Augustus-Trajan (Nr. 1–740) Band 2: Hadrian-Antoninus Pius (Nr. 741–1994) Band 3: Marc Aurel-Gallienus (Nr. 1995–3014) Band 4: Claudius Gothicus – Domitius Domitianus, Gau-Prägungen, Anonyme Prägungen, Nachträge, Imitationen, Bleimünzen (Nr. 3015–3627) Band 5: Indices zu den Bänden 1 bis 4
Vol. VI	
J. David Thomas, Durham	The epistrategos in Ptolemaic and Roman Egypt Part 1: The Ptolemaic epistrategos Part 2: The Roman epistrategos
Vol. VII	Kölner Papyri (P. Köln)
Bärbel Kramer und Robert Hübner (Bearb.), Köln	Band 1
Bärbel Kramer und Dieter Hagedorn (Bearb.), Köln	Band 2
Bärbel Kramer, Michael Erler, Dieter Hagedorn und Robert Hübner (Bearb.), Köln	Band 3
Bärbel Kramer, Cornelia Römer und Dieter Hagedorn (Bearb.), Köln	Band 4
Michael Gronewald, Klaus Maresch und Wolfgang Schäfer (Bearb.), Köln	Band 5
Michael Gronewald, Bärbel Kramer, Klaus Maresch, Maryline Parca und Cornelia Römer (Bearb.)	Band 6
Vol. VIII	
Sayed Omar (Bearb.), Kairo	Das Archiv des Soterichos (P. Soterichos)
Vol. IX	Kölner ägyptische Papyri (P. Köln ägypt.)
Dieter Kurth, Heinz-Josef Thissen und Manfred Weber (Bearb.), Köln	Band 1
Vol. X	
Jeffrey S. Rusten, Cambridge, Mass.	Dionysius Scytobrachion
Vol. XI	
Wolfram Weiser, Köln	Katalog der Bithynischen Münzen der Sammlung des Instituts für Altertumskunde der Universität zu Köln Band 1: Nikaia. Mit einer Untersuchung der Prägesysteme und Gegenstempel
Vol. XII	
Colette Sirat, Paris u. a.	La *Ketouba* de Cologne. Un contrat de mariage juif à Antinoopolis
Vol. XIII	
Peter Frisch, Köln	Zehn agonistische Papyri
Vol. XIV	
Ludwig Koenen, Ann Arbor *Cornelia Römer (Bearb.), Köln*	Der Kölner Mani-Kodex. Über das Werden seines Leibes. Kritische Edition mit Übersetzung.